Darlith Goffa Lewis Valentine

# Rhyfel a Heddwch
# a Sancteiddrwydd Bywyd

Darlith Goffa Lewis Valentine

# Rhyfel a Heddwch a Sancteiddrwydd Bywyd

## Robin Gwyndaf

Ymestyniad o ddarlith a draddodwyd i Gymdeithas Heddwch y Bedyddwyr yng Nghyfarfodydd Undeb Bedyddwyr Cymru, Y Tabernacl, Caerdydd, 16 Mehefin 2008.

Cymdeithas Heddwch Undeb Bedyddwyr Cymru

Ⓗ Yr Awdur a Chymdeithas Heddwch Undeb Bedyddwyr Cymru

Rhif Llyfr Cydwladol (ISBN): 978-0-9559412-1-4

Argraffwyd gan Wasg Cambrian, Llanbadarn Fawr, Aberystwyth, Mehefin 2008, ar bapur sidan 'Regency', 130gram

Cynlluniwyd y gyfrol a chyhoeddwyd ar ran Cymdeithas Heddwch Undeb Bedyddwyr Cymru gan Robin Gwyndaf, Cwm Eithin, 37 Heol Sant Mihangel, Llandaf, Caerdydd, CF5 2AL. Tel. 029 2056 6249. robin.gwyndaf@ntlworld.com

*Llun y clawr blaen: Arwyddlun Cymdeithas y Cymod yng Nghymru*

Diolch yn ddiffuant iawn i Wasg Cambrian / Cambrian Printers, Llanbadarn Fawr, Aberystwyth, am gyfraniad tuag at gostau cyhoeddi'r gyfrol hon. Mawr werthfawrogir eu cefnogaeth.

# Cyflwynir y ddarlith hon gyda diolch calon:

1. I **Ravi**, Bombay, Yr India, i gofio'r adeg ym mis Ionawr 1995 pan oedd yn hogyn saith mlwydd oed ar strydoedd y ddinas yn cynnal ei deulu o chwech drwy lanhau esgidiau ymwelwyr ac arwain twristiaid i weld y trysorau tanddaearol ar Ynys Gharapuri.

2. Er cof am **Terry Hutchinson** (3.iii.1939 – 19.x.2005), un o deulu'r digartref yng Nghaerdydd a arferai ddod i festri'r Tabernacl ar brynhawn Sul, tua 1985 – 95, i gael bwyd a diod.

3. I **Ehab Gergis Hanna Mankaryous**, myfyriwr a Christion Coptig o El Fayoum, Yr Aifft, ac i'w briod, Niveen, a'u mab bychan, Kyrillos.

4. I bawb yng Nghymru a thrwy'r byd sy'n ymroi heddiw i orseddu heddwch a chyfiawnder a sancteiddrwydd bywyd.


Cyflwynir unrhyw elw o'r gyfrol hon i gynorthwyo myfyriwr o'r Aifft, **Ehab Gergis Hanna**, i astudio am flwyddyn yng Nghymru, 2008-09.

*Terry Hutchinson (1939-2005) o flaen festri'r Tabernacl, Caerdydd, ar ddiwrnod priodas Llyr Gwyndaf, mab yr awdur, Sadwrn 26 Gorffennaf 1995. Daeth (yn ddiwahoddiad!) i'r briodas gan ofyn i dad y priodfab am gael tynnu'i lun.*

# Cynnwys

|     | Gair o Ddiolch | 9 |
| --- | --- | --- |
| 1. | Bendith a Braint | 12 |
| 2. | Cyfiawnder a Heddwch, Tangnefedd a Sancteiddrwydd | 16 |
| 3. | Creu Gardd o Brydferthwch | 23 |
| 4. | Cannwyll yn Olau: Pererindod Heddwch (O Siapan i Dwrci, Yr India, Romania a Gwlad Llwyth y Maasai) | 29 |
| 5. | Pererindod Heddwch: y Daith yn Parhau (O Ynys Robben i Estonia, Moldafia, Tsieina, a Bae Gwantanamo) | 40 |
| 6. | Yr Aifft: Gwlad y Cristnogion Coptig a'r Esgyrn Gleision | 48 |
| 7. | Academi Amddiffyn Sain Tathan | 55 |
| 8. | Wele Fi, Anfon Fi | 66 |
|     | Er Cof am Patricio a Mariano | 76 |
|     | Amser | 78 |
|     | Darlithoedd Coffa Lewis Valentine: 1986 – 2008 | 79 |
|     | Llyfryddiaeth | 82 |
|     | Heddwch a Chyfiawnder: Cyfeiriadau Pellach o Gymru | 88 |

# Gair o Ddiolch

Braint arbennig iawn i mi yw cael traddodi Darlith Goffa Lewis Valentine, a hynny am yr ail dro. Mwyfwy'r fraint oherwydd fy mod i'n cael cyflwyno'r ddarlith yn Y Tabernacl, Caerdydd, yr eglwys a fu'n aelwyd gynnes, ysbrydol, i mi ac Eleri, fy mhriod, am bron ddeugain mlynedd bellach.

Fy mhleser cyntaf, felly, yw diolch o galon i Gymdeithas Heddwch Undeb Bedyddwyr Cymru. Mae fy niolch i'r Parchg Denzil I John, gweinidog ymroddedig Y Tabernacl a Chadeirydd presennol y Gymdeithas Heddwch, yn ddifesur. Felly hefyd i Einwen M Jones, Llansanffraid Glynceiriog, a roes flynyddoedd o wasanaeth ffyddlon fel Trysorydd. Pan ddechreuais baratoi'r ddarlith hon cefais sgwrs werthfawr iawn gydag Einwen Jones: agor cil y drws, megis, ar hanes clodwiw Cymdeithas Heddwch y Bedyddwyr. Y mae mawr angen i rywun ysgrifennu hanes y Gymdeithas, o'r dechrau un ym mlynyddoedd cynnar y Rhyfel Byd Cyntaf hyd heddiw. Pwy, er enghraifft, oedd y cymwynaswyr a fu'n traddodi'r ddarlith heddwch, a beth oedd y testun? Mae'r atebion i'r cwestiynau hyn ac eraill, wrth gwrs, yn dibynnu ar faint o gofnodion cynnar a ddiogelwyd. Y cyfan a wneuthum i oedd paratoi rhestr o ddarlithoedd y Gymdeithas er pan ddechreuwyd eu cyhoeddi yn 1986 a galw'r ddarlith flynyddol bryd hynny, yn briodol iawn, yn 'Ddarlith Goffa Lewis Valentine'.

Ar gyfer paratoi'r ymestyniad o'r ddarlith bresennol i'r wasg, ni allaf ddiolch digon i Eirlys Wynne-Woodhouse, Llansannan, a Howard Williams, Clynnog Fawr, am eu cymorth amhrisiadwy. Felly hefyd mawr iawn yw fy niolch i Jill Gough, Tal-y-waun, Pont-y-pŵl, Ysgrifenyddes CND Cymru; Arfon

Rhys, Rhostryfan, Caernarfon, Ysgrifennydd Cymdeithas y Cymod; Eleri, fy mhriod, a Nia a Llyr, ein plant.

Y mae'r lluniau a gyhoeddir gyda'r ddarlith hon yn rhan annatod o'r stori. Rwy'n dra diolchgar, felly, i Non a Gwenallt Rees, Penarth, am gael benthyg y llun o Glinig Caselin, Lesotho; i Branwen Niclas, Bangor, am y llun o 'Orsedd Arfau: Gynau AK-47' (Mozambique); ac i Gynefin y Werin a'r Deml Heddwch, Caerdydd, am dri llun yn ymwneud â'r Academi Filwrol arfaethedig yn Sain Tathan. Daw gweddill y lluniau o gasgliad personol yr awdur, ond carwn gydnabod yn ddiolchgar unrhyw hawlfraint a berthyn i'r lluniau hyn.

Argraffwyd y ddarlith gan Wasg Cambrian / Cambrian Printers, Aberystwyth. Unwaith eto, fy niolch mwyaf diffuant i'r staff, ac yn arbennig i Dai Jones, Mansel Frampton a Chris Haines, am gymorth a chydweithrediad na fyddai neb wedi dymuno ei well.

★ ★ ★

Darlith bersonol iawn yw'r ddarlith hon. Yn wir, rhywbeth personol, yn y bôn, yw'r frwydr o blaid heddwch, cyfiawnder a sancteiddrwydd bywyd. Brwydr ym meddwl a chalon pob un ohonom ydyw. Nid oes modd i neb ddweud: 'hanner yn hanner heb ddim yn iawn'. 'Rwy'n heddychwraig; rwy'n heddychwr, ond…' Ni allwn chwaith ofyn i neb arall ateb drosom. Allwn ni ddim gofyn i aelod o'r teulu. Allwn ni ddim hyd yn oed ofyn i 'enaid hoff cytûn'. Na, ni – myfi fy hunan yn unig – sy'n gorfod ateb. Rwyf finnau yn agor fy nghalon yn y ddarlith am fy mod i eisiau rhannu ag eraill yr hyn sydd i mi yn ganolbwynt fy Ffydd a'm cred. Ac rwy'n rhannu, nid yn gymaint er mwyn cael dweud wrth eraill am rai o'r profiadau dwys a ddaeth i'm rhan i, ond rhannu yn y gobaith y bydd i eraill, drwy'r rhannu, gael budd a bendith ac ysbrydoliaeth

Darlith, felly, sy'n gofnod o bererindod bersonol ac o apêl bersonol ydyw. Ac eto, nid pererindod ar ein pennau ein hunain yw'r bererindod hon. Dyna paham y carwn ddal ar y cyfle hwn i ddweud diolch - a myrdd o ddiolch - am yr hyfrydwch anghymharol o gael cyd-gerdded gydag Iesu o Nasareth a phrofi gronyn bach o ras yr un a ddangosodd i'r byd wynfyd ffordd cymod a chariad, cyfiawnder a thangnefedd. A'r un modd, diolch yn gywir iawn i'm rhieni a'm teulu ac i gyfeillion hoff, o bell ac agos, mewn eglwys a chymdeithas, a fu gyda mi yn gwmni ar hyd y daith ac yn arial i'r galon.

Yn y flwyddyn 2004, pan oedd Cymdeithas y Cymod yng Nghymru yn naw deg mlwydd oed, derbyniais wahoddiad i gyfarch y Gymdeithas ar gân. Y mae'r geiriau hyn yn addas iawn hefyd i Gymdeithas Heddwch y Bedyddwyr a phob mudiad arall sy'n hyrwyddo heddwch a chyfiawnder.

> A'r Rhyfel Mawr yn bygwth chwalu'r holl fyd,
> Tydi gynigiodd ffordd i ddwyn y darnau ynghyd;
> Ac eto eilwaith pan oedd Ewrop ar dân,
> O'th galon di fe ddaeth newydd gân:
> 'Nid bwled na bom yw'r ateb i drais;
> Nid cau dwrn yn gas, ond gwrando ar lais
> Tywysog tangnefedd sy'n troi'r marw yn fyw,
> Y gras maddeuol sy'n rhoi balm ar friw.'
>
> Diolchwn ninnau am ddewrion y Ffydd
> Fu'n dystion i'r gras o ddydd i ddydd,
> Gan ddwyn cyfeillion o un i un,
> Yng nghwlwm brawdgarwch yn gymdeithas gytûn.
> A heddiw mae'r neges yr un mor glir,
> Megis cân aderyn ar y brigyn ir;
> A dweud mae'r gân wrth y cenhedloedd ynghyd
> Mai cymod a chariad sy'n achub y byd.

# 1

# Bendith a Braint

*Mae pethau nad ânt yn angof*
*A sêr na ddiffydd o'r nen...*

Rolant Jones (Rolant o Fôn), 'Y Gyfrinach',
*Yr Anwylyd a Cherddi Eraill,* 1963, t.43

'Duw cariad yw.' 'Cariad yw Duw.' Cariad megis ffynnon yn goferu. Nid oes fraint fwy y gall neb ei derbyn na chael y cyfle, mewn gair a gweithred, i rannu gronyn bach o'r cariad rhyfeddol hwn ag eraill. A dyna'r fraint fawr a ddaeth i'm rhan i yn ystod y flwyddyn a aeth heibio. Er enghraifft, ar ddau achlysur yn y Deml Heddwch yng Nghaerdydd cael cyfle i ddweud gair o blaid heddwch. Un tro adeg ymweliad Norman Kember, a'r ail dro yn ystod araith Jeremy Bowen, y gohebydd newyddion tramor sydd wedi profi erchyllterau rhyfel mewn llawer rhan o'r byd.

Yr un modd, ar brynhawn Sul, y 4ydd o Dachwedd 2007, cael cyfle i fod â rhan mewn oedfa i ddadorchuddio cofeb yng ngardd y Deml Heddwch i gofio hil-laddiad yr Armeniaid ar ddechrau'r ugeinfed ganrif. Cerfiwyd y gofeb hardd gan y llythrennwr cain, Ieuan Rees. Ond yng nghanol y cofio, roedd yna dristwch, oherwydd fel yr oedd yr oedfa'n mynd rhagddi dyma gwmni o Dwrciaid yn defnyddio uchelseinyddion i gyflwyno cerddoriaeth ac i floeddio eu gwrthwynebiad – gwrthod cydnabod bod eu gwlad hwy yn gyfrifol am yr hil-laddiad. Eu bwriad oedd tarfu ar yr oedfa. Yn wir, ymhen ychydig wythnosau roedd y groes hardd

*Cofeb o waith Ieuan Rees, yng Ngardd y Deml Heddwch, Caerdydd, i gofio hil-laddiad yr Armeniaid, 1915. Dadorchuddiwyd, 4 Tachwedd 2007. Maluriwyd yn fuan wedyn gan wrthdystwyr.*

wedi'i malurio. Darlun o ddinistr yng nghanol prydferthwch Gardd y Deml Heddwch. Â Thwrci yn awyddus i gael ei derbyn fel rhan o'r Gymuned Ewropeaidd, y mae yna fwy o bwysau nag erioed ar i Brydain a gwledydd eraill fynnu na ddigwydd hynny hyd nes y bydd i Lywodraeth Twrci barchu hawliau dynol a chydnabod yn gyhoeddus hefyd ei bod yn gyfrifol am hil-laddiad yr Armeniaid.

O'r ardd yn y Deml Heddwch i'r ardd ym Mro Morgannwg. Caf sôn eto am bentref Sain Tathan. Digon yma fydd cyfeirio at ddwy oedfa yr oedd cael cyfle i'w trefnu a'u cyflwyno i mi yn foddion gras. Yn gyntaf, oedfa yng Nghapel Bethesda'r Fro ar y 23ain o Awst 2007, oedfa ar ran y Grŵp Heddwch sydd wedi'i sefydlu i wrthwynebu'r Academi Amddiffyn arfaethedig yn Sain

Tathan. A'r ail oedfa, ar y 1af o Ragfyr 2007, ar ran Cymdeithas y Cymod. Cynhaliwyd honno yng Nghapel Mair, Eglwys Sain Tathan. Roedd bedd John Williams yn agos atom yn y fynwent a geiriau gorfoleddus ei emyn mawr yn fyw iawn yn ein cof :

> Pa feddwl, pa 'madrodd, pa ddawn,
> Pa dafod all osod i mâs
> Mor felys, mor helaeth, mor llawn,
> Mor gryf yw ei gariad a'i ras...

Soniais yn arbennig am yr oedfaon hyn a'r cyfarfodydd yn y Deml Heddwch oherwydd mi wn y byddai Lewis Valentine yn falch iawn ohonynt. Ac yn awr dyma finnau'n cael y fraint amheuthun o draddodi'r ddarlith i gofio amdano. Mor fawr yw'r fendith.

Yn ystod un o wythnosau'r Eisteddfod Genedlaethol - tua 1963-64 - mi fentrais i gario dau ŵr enwog mewn Mini bach melyn - dau a oedd yn chwilio am rywun i'w cludo y noson honno i fynd i weld un o'r dramâu. Ac enw'r ddau ŵr: D J Williams a Lewis Valentine. Ni chofiaf bellach enw'r ddrama, ond fe gofiaf yn dda i'r wir ddrama ddechrau y foment y cynigiais gario'r ddau batriarch! Gosod yr annwyl D J yn dringar yn un o seddau cefn y Mini bach, a gosod Valentine, y cawr mawr mwyn, yn y sedd flaen. Ac felly y gwelais i'r ddau wron hyn fyth wedyn: dau a oedd yn gwybod o'r gorau sut i sefyll oherwydd eu bod yn gwybod o'r gorau hefyd sut i blygu.

Ymhen rhai blynyddoedd (ym mis Mai 1970) roeddwn i'n cael treulio deuddydd cofiadwy yng nghwmni Lewis Valentine yn ei fyfyrgell fechan yng Nghapel Penuel, Rhosllannerchrugog, yn recordio ar dâp beth o gyfoeth ei atgofion, gan gynnwys ei deyrnged ddwys i'w rieni a'i hynafiaid. Roeddwn i hefyd tua'r

adeg hynny yn cael cyfle yn fy nhro i fod ar aelwyd groesawus
D J Williams yn Abergwaun a gwrando yn llawn edmygedd ar y
pen cyfarwydd o Ddyfed. Bendithion a breintiau y byddaf yn eu
trysori am byth. Ac am y cyfan, un sylw sydd i'w wneud: diolch
am destun diolch.

# 2

# Cyfiawnder a Heddwch, Tangnefedd a Sancteiddrwydd

*'Bydded i Dduw'r tangnefedd ei hun eich sancteiddio chwi yn gyfan gwbl, a chadw eich ysbryd a'ch enaid a'ch corff...'* (1 Thes. 5:23)

*'Y mae gan bawb hawl i fywyd, rhyddid a diogelwch.'* (Erthygl 3, Datganiad Cyffredinol o Hawliau Dynol y Cenhedloedd Unedig, 10 Rhagfyr 1948)

Ar Horeb, Mynydd Duw, cofiwn i angel ymddangos o ganol perth yn llosgi heb ei difa, gan rybuddio Moses: 'Paid â dod ddim nes; tyn dy esgidiau oddi am dy draed, oherwydd y mae'r llecyn yr wyt yn sefyll arno yn dir sanctaidd.' (Ex. 3:5) A heddiw mae geiriau'r angel yr un mor gwbl ganolog i ddyfodol gwareiddiad. Mae'r tir rydym ni'n sefyll arno, mae'r wlad hon, y genedl hon rydym ni'n perthyn iddi - mae'n ddaear sanctaidd. A mwy na hynny, mae'r bywyd yr ydym ni'n cael y fraint o'i fyw ar y ddaear - mae'r bywyd hwnnw yn sanctaidd, neu fe ddylai fod yn sanctaidd. Yng ngeiriau'r bardd, Islwyn: 'Mae'r oll yn gysegredig'.

Meddai'r Salmydd yntau, ganrifoedd lawer yn ôl: 'Eiddo yr Arglwydd y ddaear a'i chyflawnder, y byd ac a breswylia ynddo.' (Salm 24:1) Cofiwn hefyd i'r Salmydd gyfarch ei Dduw â'r geiriau: 'Arglwydd ein Iôr, mor ardderchog yw dy enw ar yr holl ddaear.' Yna iddo ofyn i Dduw: 'Pa beth yw dyn i ti i'w gofio... Canys gwnaethost ef ychydig is na'r angylion, ac a'i coronaist â gogoniant ac â harddwch.' (Salm 8: 1,4-5)

*'Gorsedd Arfau: Gynau AK-47'. Gwnaed gan fachgen ifanc o'r
enw Kester ym Maputo, Mozambique, 2001. Rhan o gynllun ar
derfyn y rhyfel cartref yno i droi arfau dinistr yn weithiau o gelfyddyd.
Ysbrydolwyd a gweinyddwyd y cynllun bendigedig hwn gan Gyngor
Cristnogol Mozambique a Chymorth Cristnogol. 'A hwy a gurant
eu cleddyfau yn sychau a'u gwaywffyn yn bladuriau; ni chyfyd cenedl
gleddyf yn erbyn cenedl, ac ni ddysgant ryfel mwyach.' (Eseia 2:4)*

*Darlun cynnar o eiddo Pablo Picasso a gyflwynwyd yn rhodd ganddo i Amnest Rhyngwladol.*

Y Salmydd a ddywedodd hefyd mewn geiriau bendigedig o orfoleddus: 'Bydd cariad a gwirionedd yn cyfarfod, a chyfiawnder a heddwch yn cusanu ei gilydd.' (Salm 85:10) A dyma sylfaen gwir heddwch ymhob oes: cariad; gwirionedd; cyfiawnder. Yr un modd, daw geiriau ysbrydoledig y Proffwyd Eseia i'r cof: 'Pan dywelltir arnom ysbryd oddi fry, a'r anialwch yn mynd yn ddoldir... yna bydd cyfiawnder yn creu heddwch, a'i effeithiau yn llonyddwch a diogelwch hyd byth.' (Eseia 32:15-17)

'Cyfiawnder yn creu heddwch...' Ac meddai awdur neu awduron geiriau godidog Llyfr y Diarhebion yn yr emyn o fawl i Ddoethineb: 'Ffyrdd hyfryd yw ei ffyrdd a heddwch sydd ar ei holl lwybrau. Y mae'n bren bywyd i'r neb a gydio ynddi.' (Diarhebion 3:17) A allai neb lefaru'n amgenach wrth ganu

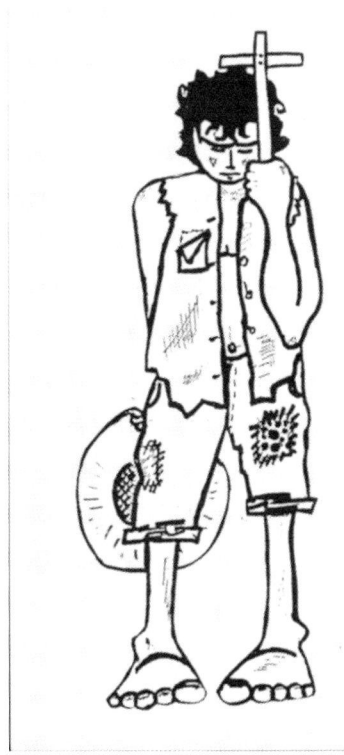

*Darlun gan 'H Bran' o'i gyfrol El Salvador y su Cruz ('El Salvador a'i Chroes').*

clodydd doethineb a chyfiawnder a heddwch a phob rhyw olud sy'n deillio o gariad Duw? 'Y mae'n bren bywyd…'

Ond nid cytundeb ffurfiol ar bapur yn unig yw heddwch. Nid absenoldeb anghyfiawnder a rhyfel yn unig yw heddwch. Nid cyd-ddealltwriaeth rhwng gwlad a gwlad neu gymuned a chymuned ar ryw adeg neilltuol mewn hanes yn unig yw heddwch. Na, y mae heddwch hefyd yn rhodd bersonol, greadigol, gadarnhaol. Mae'n ymrwymiad. Mae'n rhodd sy'n perthyn i fyd y galon yn ogystal ag i fyd y deall. Byd *salaam* yr Arab a *shalom* yr Iddew ydyw. Meddai'r Dalai Lama: 'Y mae heddwch yn y byd yn dibynnu ar heddwch yng nghalonnau unigolion.' Dyna paham y mae'r gair tangnefedd yn yr iaith Gymraeg yn air mor gyfoethog: tanc (tang) y nefoedd: heddwch y nefoedd; heddwch Duw; heddwch y galon.

Meddai'r Arglwydd Iesu: 'Yr wyf yn gadael i chwi dangnefedd. Yr wyf yn rhoi i chwi fy nhangnefedd i fy hun.' (Ioan 14:27) Ac meddai'r Apostol Paul yntau: 'Ond ffrwyth yr ysbryd yw cariad, llawenydd, tangnefedd, goddefgarwch, caredigrwydd, daioni, ffyddlondeb, addfwynder, hunanddisgyblaeth.' (Gal. 5:22) Y mae'r tangnefedd hwn yn seiliedig ar wirionedd a chyfiawnder. Ond y mae hefyd yn seiliedig ar gymod, ar faddeuant ac edifeirwch. 'Ond gwaith Duw yw'r cyfan - Duw, yr hwn sydd wedi ein cymodi ni ag ef ei hun trwy Grist a rhoi i ni weinidogaeth y cymod.' (2 Cor. 5:18)

★ ★ ★

Dyma fi hyd yn awr wedi dyfynnu yn bennaf eiriau'r Ysgrythur: datganiad clir a chroyw mai byd Duw yw'r byd yr ydym ni'n byw ynddo; byd sanctaidd; byd sy'n rhodd gysegredig i ddynolryw. Ni yw'r deiliaid; ni yw'r tenantiaid; ni yw'r stiwardiaid. Ond yn ein hoes ni y mae yna hefyd ddatganiadau o'r pwys mwyaf wedi cael eu cyhoeddi ar ran llu o fudiadau seciwlar. Y pwysicaf o ddigon o'r rhain yw'r Datganiad Cyffredinol o Hawliau Dynol a gyhoeddwyd ar y 10fed o Ragfyr 1948 gan y Cenhedloedd Unedig. O blith y 30 erthygl, dyma, fel rhagflas, ddyfynnu'n unig erthyglau 1, 3, 5 a 18.

Erthygl 1    'Genir pawb yn rhydd ac yn gydradd â'i gilydd mewn urddas a hawliau. Fe'u cynysgaeddir â rheswm a chydwybod, a dylai pawb ymddwyn y naill at y llall mewn ysbryd cymodlon.'

*Heddwch Mala. Breichled symbolaidd. Y mae gwisgo'r freichled yn arwydd o hyrwyddo cyfeillgarwch, parch a heddwch ymhlith pobl o bob crefydd a diwylliant ac yn addewid i greu gwell byd.*

Erthygl 3   'Y mae gan bawb hawl i fywyd, rhyddid a diogelwch.'

Erthygl 5   'Ni ddylid poenydio neb, na thrin na chosbi neb yn greulon, annynol nac yn ddiraddiol.'

Erthygl 18  'Y mae gan bawb hawl i ryddid meddwl, cydwybod a chrefydd. Fe gynnwys hyn ryddid iddynt newid eu crefydd neu eu cred, a rhoi rhyddid hefyd, naill ai ar eu pen eu hunain neu gydag eraill, yn gyhoeddus neu yn breifat, i amlygu eu crefydd neu eu cred, trwy addysgu, arddel, addoli a chadw defodau.'

A ninnau newydd gyfeirio at y Cenhedloedd Unedig, mor hyfryd yw cofio am gyfraniad nodedig heddychwyr o Gymru, megis y Parchg Gwilym Davies (1879-1955), brodor o Fedlinog, Morgannwg, a fu, hyd 1922, yn Weinidog gyda'r Bedyddwyr. Roedd ganddo ran yn sefydlu Ysgol Gwasanaeth Cymdeithasol Cymru, a bu'n allweddol i ffurfio cyswllt agos rhwng Cymru a Chynghrair y Cenhedloedd. Cofiwn hefyd, wrth gwrs, mai ef a sefydlodd neges ewyllys da ieuenctid Cymru i blant y byd yn 1924, neges sydd wedi cael ei darlledu ar y radio yn flynyddol wedi hynny, ar ran Urdd Gobaith Cymru.

# 3

# Creu Gardd o Brydferthwch

*'Diben bywyd yw byw ac nid oes fyw heb garu, na charu heb fenter, na menter heb boen. Ond gwewyr geni yw poenau cariad, arteithiau angau yw poenau rhyfel.'*

> D R Thomas, *Newyddion Da i'r Byd*. Darlith Goffa Alex Wood. Cymdeithas y Cymod, 1985, t.16

Wedi'r datganiadau hyn, crefyddol a seciwlar, yn ymwneud â sancteiddrwydd bywyd, mi garwn i nawr estyn gwahoddiad ichwi i ardd arbennig iawn. Pedair acer o ardd ar dir Ysgubor Fawr yn Amgueddfa Werin Cymru, Sain Ffagan. Yno, er 1997, yn gofalu'n wirfoddol am yr ardd hon y mae cleifion sy'n dioddef o afiechyd meddwl difrifol (sgitsoffrenia yn bennaf). Maent yno o dan nawdd Hafal. (Hafal, fe gofiwn, yw'r enw Cymraeg am yr arwydd mathemategol *'equal'* a ddyfeisiwyd gan y Cymro Robert Recorde, 1510 - 1558.) Hyfrydwch arbennig i mi fu cael cwmni'r garddwyr hyn a 'Fred' (Fred Dymott), eu pennaeth mwyn. Cyfrifoldeb penodol un o'r garddwyr, Ray Mills, oedd gofalu am ddyfrhau'r blodau yn neuadd groeso'r Amgueddfa, ac fe gyflawnai yntau ei waith gyda gofal a chariad neilltuol iawn. Ar adegau, arferwn ymuno ag ef i gael cinio a sgwrs, ac un diwrnod fe rannodd ei galon. Dywedodd wrthyf paham y bu'n dioddef o'r afiechyd difrifol ar hyd ei oes. Roedd wedi cael ei gam-drin yn rhywiol pan oedd yn fachgen ifanc.

*Trais yn y cartref: ofn ac unigrwydd.*

Yn y flwyddyn 2003 bu farw Ray. Fyth oddi ar hynny mae ei fywyd personol ef i mi wedi dod yn ddarlun o fywyd ei hun. Y mae yna ddioddefaint a thywyllwch. Mae yna gam-drin. Mae yna hen ofnau yn llechu'n ddwfn yn y galon: *deisidaimonia*, 'ofn yr anwybod', 'ofn y duwiau', y soniai'r Groegwyr amdano. Ond y mae yna hefyd, yng nghanol yr ofn, ddyhead dwfn am fodlonrwydd, am y *pleroma*, am y cariad sy'n bwrw allan ofn. Mae yna brydferthwch. Mae yna sancteiddrwydd. Mae yna ardd a rhywrai'n gofalu amdani, yn dyfrhau'r blodau a gwrteithio'r pridd.

Gofynnodd rhywun unwaith i'r Fam Teresa sut y gallai weithio yng nghanol baw a budreddi dinas Calcutta. Hithau'n ateb: dal ar y cyfle i wneud gweithred brydferth dros Iesu Grist. Dyna'i dewis hi, dewis chwilio am sancteiddrwydd yng nghanol dinas frwnt. Ac y mae gennym ninnau heddiw, fel erioed, ddewis. Dewis ffordd *shalom*, neu ffordd *shebber*, ffordd tangnefedd, neu ffordd i ddistryw; creu gardd neu greu anialwch.

*Isaja yn cael ei gario i wersyll yn Sudan.*

Beth yntau yw'r grymusterau sy'n anharddu'r ddaear o'n cwmpas ac yn peryglu sancteiddrwydd bywyd? Beth yw achosion y dioddefaint a'r dinistr sydd yn y byd? Fe restraf rai ystyriaethau ar y dalennau hyn. Fe allwch chwithau'n rhwydd ychwanegu at y rhestr.

1. Rhyfel a diwylliant rhyfel.

2. Tlodi a newyn.

3. Stori drist ffoaduriaid y byd.

*Beth yw'r dewis? Caniatáu i'r byd or-gynhesu, neu weithredu ar unwaith i'w arbed?*

4. Afiechydon y mae modd eu gwella petai'r adnoddau digonol yn cael eu rhannu'n deg. Er enghraifft, dallineb mewn plant.

5. AID (Afiechyd Imiwnedd Diffygiol) (AIDS).

6. Diffyg dŵr glân.

7. Digartrefedd.

8. Plant yn cael eu gorfodi i weithio.

9. Caethwasiaeth yr unfed ganrif ar hugain. Er enghraifft, masnachu cyrff merched ifanc i'w gwerthu am ryw.

*Baton trydanol: cynhyrchwyd a gwerthwyd ym Mhrydain. Foltedd: dewis naill ai 160,000 neu 200,000. Effeithiolrwydd: parlysu corff dros dro mewn 3-5 eiliad.*

10. Trais yn y cartref, yn arbennig cam-drin plant a merched.

11. Cyffuriau.

12. Poenydio a cham-drin carcharorion.

13. Erledigaeth grefyddol.

14. Ymarfer y gosb eithaf (crogi).

15. Diffyg gofal o'r ddaear a'r blaned. Llygredd a gor-gynhesu.

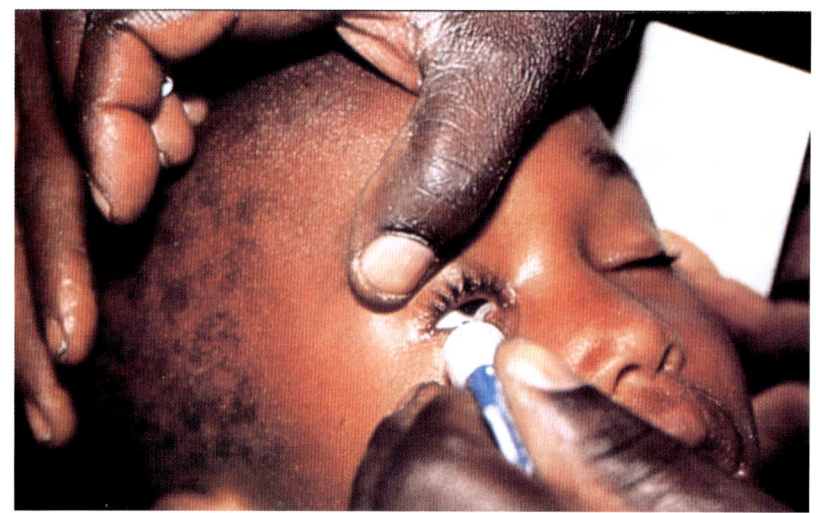

*Gallem agor ei lygaid unwaith ac am byth a'i arbed rhag oes o ddallineb.*

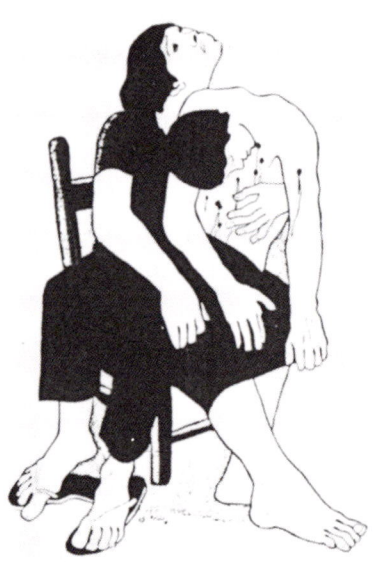

*Cariad mam at ei mab a boenydiwyd.*

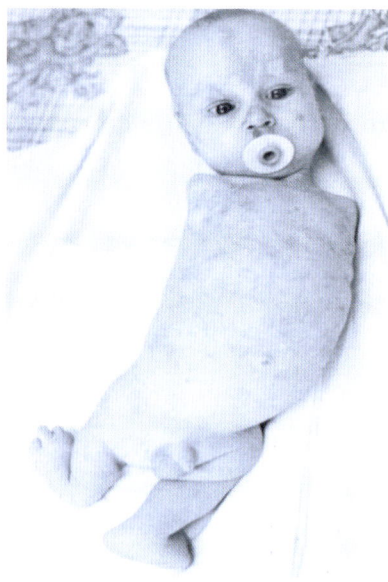

*Plentyn a anwyd wedi'r danchwa fawr yn Chernobyl.*

# 4

# Cannwyll yn Olau: Pererindod Heddwch

## O Siapan i Dwrci, Yr India, Romania a Gwlad Llwyth y Maasai

*'Pan fo person mewn heddwch ag ef ei hun, bydd mewn heddwch â'i deulu.*
*Pan fydd y teuluoedd mewn heddwch, bydd heddwch yn y pentrefi.*
*Pan fydd yr holl bentrefi mewn heddwch, bydd heddwch yn y wlad.*
*Pan fydd yr holl wledydd mewn heddwch, bydd heddwch yn y byd.'*
                    Dihareb o Tsieina, *c.*968 OC
               (Cyfieithwyd i'r Gymraeg gan RG)

Ar derfyn y bennod ddiwethaf nodais restr o rai o'r ystyriaethau sy'n milwrio yn erbyn gorseddu cyfiawnder a heddwch yn y byd yn yr unfed ganrif ar hugain. Cymharol rwydd yw paratoi rhestr o'r fath. Ond rhwyddach fyth wedi'i pharatoi yw ei rhoi o'r neilltu ac anghofio amdani. Dyna bob amser yw'r demtasiwn. A dyna fu'n demtasiwn i mi. Mi gofiaf amdani yfory. Mi sgrifennaf lythyr pan gaf fwy o amser – rywdro eto, yn fuan. Ond gŵr dieithr yw yfory. Da fyddai inni gofio geiriau cerdd Abiah Roderick:

        Dyw'r felin ddim yn malu
         Â'r dŵr sydd wedi mynd...

  A chofio hefyd am yr englyn godidog hwn gan fardd anhysbys:

Er arian ac er eiriol, – er wylo,
Er alaeth beunyddiol,
Er gweddi yn dragwyddol,
Ni ddaw i neb ddoe yn ôl.

Mor rhwydd yw colli cyfle. A'r cyfle hwnnw yn perthyn i ni – i mi, ac i mi yn unig. Fel y dywedwyd eisoes yn y 'Gair o Ddiolch', pererindod bersonol iawn yw'r bererindod i bob un ohonom i faes cyfiawnder, heddwch a chymod. A dyfynnu geiriau 'Mr Jones', y gweinidog, mewn oedfa gymun yn nofel T Rowland Hughes, *O Law i Law*: 'Holed pob dyn ef ei hun.'

Fe all y bererindod hon, felly, fod yn bererindod unig iawn. Gall fod yn bererindod anodd iawn. Ond mi wyddai Lewis Valentine beth oedd cerdded yn ddewr ar hyd y daith. Mi garwn innau yn awr estyn gwahoddiad caredig i chwithau i ymuno gyda mi ar bererindod i lawer rhan o'r byd. I ymuno gyda mi ac i rannu gyda mi dristwch a gorfoledd y daith – rhannu rhai o'r profiadau dwys a fu i mi yn gymorth i groesi bwlch yr argyhoeddiad y soniai ein tadau gynt amdano. Ac yn y cyd-gerdded, y gobaith yw y cawn ein cyd-ysbrydoli. Dyna'r amcan mawr.

Y cwestiwn cyntaf yw: pa bryd y dechreuodd y daith? Gallaf ofyn yr un cwestiwn i chwithau. Mor bellgyrhaeddol yw dylanwad rhieni, teulu a chymdogaeth; dylanwad ysgol a choleg a chydweithwyr hoff; dylanwad eglwys a theulu'r eglwys. Yna, wedi cyfnod y plentyn a'r llanc ifanc, bu'r blynyddoedd oddeutu 1965 hyd 1985 hwythau yn rhai pwysig iawn i mi, a mawr yw fy niolch eto am bob braint a chyfle. Ond ar gyfer y ddarlith hon mi awn ni heibio'r blynyddoedd hyn a sôn yn unig am y cyfnod o'r flwyddyn 1986 hyd heddiw. Dwy flynedd ar hugain o gerdded y daith. Ambell dro, teithio o dan nawdd Y Cyngor Prydeinig, Yr Academi Brydeinig, UNESCO, ac Amgueddfa

*Cerflun y fam a'i dau blentyn a losgwyd wedi'r bom yn Hiroshima.*

Werin Cymru. Dro arall, cyfuno darlithio, mynychu cynadleddau, gwaith academaidd ac ymweliadau personol. Ac ar y rhan fwyaf o'r teithiau roedd Eleri, fy mhriod, gyda mi ac yn cyd-rannu'r profiadau.

I ble yr awn ni gyntaf? Mi awn ni i **Siapan**, gwlad y goeden geirios. Ac roeddwn i yno ym mis Ebrill 1986 pan oedd y *sakura*, y coed ceirios, yn eu holl ogoniant ac yn ddrych dihafal o'r prydferthwch annifwynedig. Wedi teithio'n helaeth yn y wlad nodedig hon, cyrraedd un dydd i Hiroshima. Ac yno, oedi a myfyrio. Dwyn i gof yr 80,000 a fu farw oherwydd i un wlad benderfynu disgyn un bom. Ond yn y cofio dwys, gweld hefyd y canhwyllau yn Hiroshima yn goleuo ddydd a nos. A byth oddi ar hynny, cyn mynd i gysgu a chau fy llygaid, rwy'n dal i weld

*Cerflun yr athrawes a'i disgybl yn Hiroshima.*

golau'r canhwyllau yn Hiroshima. Gweld, a chofio'r geiriau: 'Gwell goleuo un gannwyll na melltithio'r tywyllwch.' Cofio hefyd fersiwn Gymraeg odledig ar yr un ddihareb:

> Ni all y tywyllwch eithaf
> Ddiffodd y gannwyll leiaf.

Yr un flwyddyn ag y bûm yn Siapan bûm yn ddiweddarach yn westai yng ngwlad **Twrci**, ac eilwaith yn 1991. Yn ystod fy ail ymweliad yn arbennig, a minnau'n cael cyfle i sgwrsio a chyd-fwyta gyda rhai o weinidogion y Llywodraeth, deuthum i wybod am safonau dwbl a rhagrith y wlad hon y mae twristiaid – a Christnogion yn eu plith, a Bedyddwyr hefyd, bid siŵr – yn heidio iddi. Mae pobl gyffredin y wlad ei hun yn bobl hyfryd, groesawgar. Felly y gwelais i drigolion pob un wlad y bûm ynddi. Nid y bobl gyffredin sy'n amharchu cyfiawnder a heddwch, fel arfer, ond y bobl hynny sydd mewn grym: gwleidyddion ac arweinwyr llywodraeth, a'r grym hwnnw, yn amlach na pheidio, yn nwylo dynion. Y mae gwesteion tramor yn Nhwrci yn cael croeso tywysogaidd. Dyna'r croeso a gefais innau. Ac eto, dyma'r wlad sy'n trin ei phobl ei hun - y Cwrdiaid yn arbennig - yn farbaraidd o greulon. Mentrais holi un gweinidog am y sefyllfa yn rhai o'r carchardai. Mentro - a mentro'n rhy bell. Doedd neb eisiau clywed. Yn sicr, doedd neb yn gwrando. Neu felly y teimlwn i ar y pryd. Llais unig iawn oeddwn i.

Ond atolwg. Yng nghanol tywyllwch nos, rydym yn gobeithio o hyd am weld y wawr yn torri. Cofiwn ddihareb y gannwyll. Am flynyddoedd, roedden ni, Gristnogion yn Erbyn Poenydio yng Nghymru, wedi bod yn ymgyrchu ar ran un o'r Cwrdiaid hyn: **Mehdi Zana**, cyn-faer tref Diyarbakir yn nwyrain Twrci. Fel cannoedd tebyg iddo, roedd wedi cael ei boenydio a'i garcharu. Ond wedi iddo dderbyn pentyrrau o lythyrau a chardiau, cafodd ei ryddhau. Ac ym mis Rhagfyr 1991, beth wnaeth Mehdi? Dod bob cam i Gaerdydd i ddiolch. Mi fydd Eleri a minnau yn cofio'n hir y bore hwnnw pan welsom ef yn brasgamu i'n cyfarfod yn yr orsaf drenau: gwên ar ei wyneb ac un rhosyn coch yn ei law. Ond byddwn yn cofio hefyd ei gwmni yn ein cartref a dagrau yn ei lygaid. 'Dwi'n rhydd', meddai, 'a dwi'n llawenhau. Ac eto, dwi ddim yn rhydd. Dwi ddim yn rhydd tra bo un o'm cyd-Gwrdiaid yn y carchar.'

Bu **Leila Zana**, priod Mehdi, ac aelod seneddol ar ran y Cwrdiaid, hithau yn y carchar, a hynny ar gam. Dyna ddatganiad Llys Iawnderau Ewrop. Buom yn ymgyrchu ar ei rhan hi hefyd, ac o'r diwedd cafodd ei rhyddhau. Wedi hynny enwebwyd Leila

*Mehdi Zana o Dwrci (ar y dde), un o'r Cwrdiaid a garcharwyd ac a boenydiwyd. Daeth i Eglwys Ararat, Caerdydd, 21 Rhagfyr 1991, i ddiolch i gefnogwyr Cristnogion yn Erbyn Poenydio am ymgyrchu ar ei ran.*

ar gyfer gwobr Heddwch Nobel. Mor falch yr ydym ohoni. Mi ddaeth hithau i Brydain ym mis Mai eleni. Dod i ddiolch. A dod i'n hysbrydoli.

O Dwrci i'r **India** ym misoedd Rhagfyr 1994 ac Ionawr 1995. Gweld cyfoeth y Taj Mahal yn y Gogledd ar daith bersonol, yna gweld tiroedd gwyrddlas Mysore yn y De, yng nghwmni cyd-ysgolheigion. Ceisio hefyd ddilyn yn ôl traed Mahatma Ghandi a'r Fam Teresa, ac ym Mombay, yn gwbl annisgwyl, cyfarfod â Ravi. Saith oed oedd **Ravi** bryd hynny, yn byw bob dydd drwy lanhau esgidiau ar strydoedd Bombay ac yn arwain twristiaid ar Ynys Gharapuri, ynys yn llawn trysorau archeolegol, gan gynnwys

*Ravi, saith oed, o Bombay, Ionawr 1995, gyda'i offer glanhau esgidiau. Ein tywysydd gwybodus am ddiwrnod cyfan ar Ynys Gharapuri a'i thrysorau archeolegol.*

teml hardd danddaearol o'r seithfed ganrif. Ravi oedd yr unig un a oedd yn cynnal ei deulu bach o chwech: tad a mam a thair chwaer. Ar ddiwedd diwrnod cyfan yn ei gwmni buom yn ei gartref: hofel mewn hen felin dywyll ymhen draw llwybr cul hir, megis warin gwningod. Un ystafell fechan orlawn ac un gwely i'r teulu o chwech. Sut a pham y bu inni fentro i'r ystafell dywyll honno ym mherfeddion adeilad peryglus, ni wn. Ond mentro a wnaed. Ac am rai blynyddoedd wedi hynny buom yn ceisio cynorthwyo Ravi, ac yn arbennig er mwyn iddo gael mynd i'r ysgol. Cynorthwyo hefyd ei dad i dalu am lawdriniaeth i wella'r gangrin ar ei goes.

Ac eto, dyna'r drasiedi. Mi wyddem ni bryd hynny, ac mi wyddom yn awr, nad arian oedd yr unig gymorth yr oedd ar y teulu bychan hwn ei angen. A dyna'r her fawr i bob un sy'n ceisio llafurio dros gyfiawnder a heddwch. Nid sicrhau cyfiawnder, heddwch a thangnefedd yw'r unig gamp. Y gamp wedyn yw creu'r amodau priodol i sicrhau parhad cyfiawnder, heddwch a thangnefedd.

Yn 1969 y bûm i yn **Romania** gyntaf. A'r fath newid pan fu'r ddau ohonom yno'n westeion yn 1995, yn fuan wedi dymchweliad y teyrnlywodraethwr, Nicolae Ceaușescu. Pwy all anghofio'r tristwch yn llygaid babanod a phlant bach tlawd ac amddifad. Ond y mae yna un peth yr ydym wedi ceisio ein gorau glas i'w anghofio – ac wedi methu. Ac mi fyddwch chwithau yn deall paham na allwn wneud hynny. Am dair noson tra buom ym Mucharest buom yn cysgu yn y gwely mwyaf a chadarnaf a welsom erioed. Ac eiddo i bwy unwaith oedd y gwely mawr, nodedig hwn, meddech? Ie, i neb llai nac i fab Ceaușescu ei hun. Y mae'n stori hir, ac nid dyma'r man i'w hadrodd. Ond yn yr un digwyddiad hwn y mae yna neges arbennig iawn. O'n cwmpas ymhobman yn ein bywyd moethus y mae yna ryw bethau sy'n mynnu ein hatgoffa beunydd beunos o ddrygioni a dioddefaint. Ond o'n cwmpas hefyd mi welwn rywrai'n goleuo cannwyll. Ac mor falch yr wyf fi yn y ddarlith hon o gael cyfle i ddweud diolch. Diolch i Mrs Beryl Eurig Evans sydd ar ran Eglwys y Tabernacl, Caerdydd, yn trefnu i anfon dillad a nwyddau yn gyson i Romania. Ac mi wn fod yna eglwysi eraill lawer sy'n cyflawni gwaith tebyg. Mae fy niolch iddynt hwythau yr un mor ddiffuant.

O Romania i **Kenya** yn Affrica, yng Ngorffennaf 2000. Wedi wythnos yng nghwmni ysgolheigion yn Nairobi, mentro am wythnos arall i gwmni mwyn llwyth y **Maasai**. Ond wedi profi'r fath lawenydd a chroeso, rydym hefyd yn drist iawn hyd ddagrau. Mi fuom yng nghartrefi syml y bobl dda hyn, cartrefi wedi'u hadeiladu o ganghennau coed, clai a gleuad (tail gwartheg wedi'i sychu). Cawsom brofi eu bwydydd a'u diodydd. Cawsom brofi eu crefftau, eu caneuon a'u dawnsfeydd. Ac mi gawsom weld eu hanifeiliaid, eu gwartheg a'u geifr gwerthfawr: ffon bara eu bywyd. Ond yn awr y mae'r anifeiliaid hyn yn marw o un i un oherwydd sychder y tir.

Er hynny, pan fo un drws yn cau, y mae yna rywun rhywle yn agor drws arall. O leiaf, dyna yw gobaith y rhai ohonom ni heddiw sy'n credu yn sancteiddrwydd bywyd. Mi welodd gŵr a gwraig o Bont-rhyd-y-fen ym Morgannwg, Margaret a John Williams, y mawr angen. Roedd ganddyn nhw ganolfan arddio. Roedden nhw'n treulio'u bywyd yng nghanol prydferthwch ac arogl hyfryd blodau a phlanhigion. A beth wnaethon nhw? Defnyddio eu canolfan arddio, defnyddio eu holl arian i gynorthwyo llwyth y Maasai. Mae'r gwaith yn cynnwys cynlluniau, er enghraifft, i gloddio ffynhonnau dŵr ac i sefydlu ysgolion i'r plant. A dyna

*Merch ddeg oed o lwyth y Maasai, Kenya.*

pryd y cefais innau wahoddiad i fod yn rhan o'r cynlluniau cyffrous hyn - Cynllun Cymru-Kenya. Cyfle hefyd ar ddau achlysur i groesawu rhai o lwyth y Maasai i Gymru ac i'r Amgueddfa Werin yn Sain Ffagan.

# 5

# Pererindod Heddwch: Y Daith yn Parhau:
## O Ynys Robben i Estonia, Moldafia, Tsieina a Bae Gwantanamo

> *Dona nobis pacem in terra,*
> *Dona nobis pacem, Domine.*
> 'Dy dangnefedd dyro i'n daear,
> Dy dangnefedd dyro, Arglwydd Iôr.'
>
> Cyfieithiad John L Bell a
> Graham Manle

Un daith a fu'n ysbrydoliaeth arbennig iawn i ni oedd cael ymweld ag Ynys Robben, ger Cape Town, yn **Ne Affrica**, yn ystod Haf 2000. Pwy a all anghofio'r profiad o fod yn y gell fechan lle bu **Nelson Mandela** yn garcharor? Nac anghofio chwaith yr hyn a ddywedwyd gan rai a fu'n gyd-garcharorion gyda Mandela – hwythau bellach yn cael eu cyflogi i dywys yr ymwelwyr. Ar yr Ynys fe welsom y chwarel o gerrig calch lle bu Nelson Mandela yn gweithio, ynghyd â'r 'twll', yr 'ogof', neu'r 'coleg', lle'r arferai'r carcharorion fwyta'u cinio. Ond, yn bwysicach na hynny, lle yr arferent rannu'u breuddwydion a chynllunio at yfory gwell. Yn y chwarel hefyd fe welsom dwr o gerrig. Dim ond twr o gerrig – mor rhwydd fyddai cerdded heibio iddo. Ond ar derfyn diwrnod caled o waith arferai pob carcharor cyn noswylio i'w gell osod un garreg fechan ar y twr arbennig hwn. A thyfodd y twr cerrig yn arwydd o obaith; yn fflam i gadw'r freuddwyd yn fyw; 'un dydd

*Chwarel ar Ynys Robben lle bu Nelson Mandela yn garcharor. Yn y llun gwelir yr awdur, 27 Gorffennaf 2000, yn sefyll wrth dwr o gerrig a ddaeth yn symbol o obaith i'r carcharorion. Ar y chwith gwelir y 'twll', yr 'ogof', neu'r 'coleg' lle'r arferai Mandela a'i gyd-garcharorion fwyta a thrafod a breuddwydio am well byd.*

ar y tro'; un cam bychan yn nes i ryddid.

Dyma'r rhyddid a waharddwyd am genedlaethau lawer i drigolion y Gwledydd Baltig. Mor annynol o farbaraidd fu dial a gormes rhai o deyrnlywodraethwyr yr hen Undeb Sofietaidd, a Stalin yn un o'r rhai gwaethaf ohonynt. Cymaint o filoedd o bobl ddiniwed a drengodd mewn carchardai a gwersylloedd gwaith. Teimlwn yr artaith wrth ddarllen yr hanes. Ond cymaint mwy yw'r boen wrth wrando ar dystiolaeth bersonol o lygad y ffynnon. Felly y teimlodd Eleri a minnau y tro cyntaf y buom yn

**Estonia** ym misoedd Hydref a Thachwedd 1990. Profiad y cofiwn amdano am byth oedd cwrdd â hen ŵr yn nhref Parnu. Pan oedd yr hynafgwr hwn yn ifanc roedd ef a channoedd o'i gydwladwyr wedi'i alltudio i Siberia a'i garcharu. Un diwrnod gosodwyd saith ohonynt mewn pydew o ddŵr hyd at eu hysgwyddau, a'u gadael yno am ddyddiau heb fwyd na diod. Fel roeddynt yn blino, roedden nhw'n disgyn o un i un i'r dŵr ac yn boddi. Ef, yr hynafgwr arbennig hwn, oedd yr unig un a ddihangodd yn fyw o'r pydew dieflig hwnnw, ac roedd o'n credu mai grym gweddi oedd wedi'i achub.

Testun llawenydd i ni heddiw yw bod Eglwys y Bedyddwyr, Y Tabernacl, Caerdydd, wedi'i gefeillio ag Eglwys y Bedyddwyr yn Haapsalu, Estonia. Rydym yn cofio ddoe, ond rydym hefyd yn cynllunio at well dyfodol ar gyfer yfory.

Cyn gadael yr hen Undeb Sofietaidd, un profiad neilltuol arall. Cafodd **Mikhail Ivanovich Khorev**, Gweinidog gyda'r Bedyddwyr o Kishinev ym **Moldafia**, ei garcharu am saith mlynedd. A'i garcharu'n greulon. Ar adegau fe'i gorfodid i gysgu ar wely o bigau dur, ac yntau bron yn ddall. A'i drosedd? Pregethu Efengyl Crist. Am saith mlynedd buom yn ymgyrchu ar ei ran, a phan gafodd o'r diwedd ei ryddhau, yng ngwanwyn 1987, meddai mewn neges orfoleddus o obaith:

> 'Byddwch fyw'n sanctaidd, fel y gwêl y rhai o'ch cwmpas allu Duw yn trigo ynoch chwi. Gwnewch yr hyn a ellwch, a'r hyn sydd uwchlaw eich gallu, Crist a'i gwna trosoch. Na fyddwch ddistaw. Daliwch ati i siarad am ei gariad.'

Ond nid dyna ddiwedd y stori. Sadwrn, yr unfed ar bymtheg o Ebrill 2005, a ninnau yn nhymor y Pasg, daeth gŵr o'r enw

*Mikhail Ivanovich Khorev, gweinidog gyda'r Bedyddwyr o Moldafia. Carcharwyd am bregethu'r Efengyl. Daeth ei fab Veniamin i Gymru i ddiolch am y cannoedd o gardiau a llythyrau a dderbyniodd ei dad tra bu yn y carchar.*

Veniamin Khorev i Eglwys y Bedyddwyr, Ararat, Caerdydd. A phwy oedd ef? Ie, mab Mikhail Khorev. Daeth i Gaerdydd i ddiolch i ni am ymgyrchu ar ran ei dad flynyddoedd yn ôl. Ac fe ddaeth i Gaerdydd er mwyn cael rhannu'r newyddion da: er bod ei dad yn ddall, roedd y mab yn cael cyfle i fynd ag ef ar y Suliau i bregethu'r Efengyl. Minnau yn yr oedfa yn Ararat yn cael cyfle i weddïo; yn nhymor y Pasg yn cael diolch am dad a mab: dwy gannwyll yn olau; dwy gannwyll yn cynnal fflam y ffydd. A oes syndod fod cân yn fy nghalon innau y Sadwrn hwnnw? A bod y gân yn y galon hyd heddiw?

Ond ar adegau mae'r gân o orfoledd yn troi'n gadwyn o ddagrau. Felly y teimlais i fwy nag unwaith pan gefais wahoddiad i gyfieithu dogfennau a oedd yn ymwneud â diffyg hawliau dynol yn **Tsieina**. Dod i wybod am y miloedd o bobl bob blwyddyn sy'n cael eu dienyddio yno. A dod i wybod mwy am ddioddefaint mawr pobl Tibet. Yr un modd, dod i wybod fel mae'r gosb eithaf yn cael ei harfer mewn gwledydd sy'n galw'u hunain yn wledydd gwareiddiedig. Ac ymhell ar y blaen ymhlith y gwledydd 'gwareiddiedig' hynny, fe wyddom ni oll, mae America. Y mae'r Arlywydd George Bush o blaid y gosb eithaf,

*Gwraig o Dibet.*

er ei fod yn Gristion. Felly hefyd Fedyddwyr y De yn America, er mawr gywilydd, yn fy marn i. Yn y flwyddyn 2000, yn fuan wedi i George Bush gael ei ethol yn Arlywydd, fe sgrifennais lythyr dwys ato yn gofyn iddo, fel Cristion, newid ei safbwynt ar gwestiwn y gosb eithaf. Rwy'n dal i ddisgwyl ateb.

Y mae dwy wlad arall y carwn fynd â chwi iddynt ar y bererindod hon. Yn gyntaf **Libya**. Brodor o Libya yw **Omar Deghayes**, ond er 1987 y mae'n ddeiliad Prydeinig. Cafodd ei dad ei lofruddio gan heddlu cudd Libya. Bu Omar yntau yn garcharor am chwe blynedd ym **Mae Gwantanamo**, heb achos llys, a chael ei gam-drin yn ddifrifol. Dro yn ôl bu i ni fel Pwyllgor Canolog Cristnogion yn Erbyn Poenydio yng Nghymru

*Mewn gwledydd fel Tsieina ac America sy'n arfer y gosb eithaf, ble mae'r parch at fywyd a sancteiddrwydd bywyd? Meddai Kofi Annan, Cyn-Ysgrifennydd Cyffredinol y Cenhedloedd Unedig, 18 Rhagfyr 2000: 'Y mae'n ofid calon, tra bo cenhedloedd yn trafod y gosb eithaf, fod cymaint o bobl yn cael eu dienyddio.'*

ofyn: a allem ni wneud rhagor na gweddïo i geisio rhyddhau Omar a'i gyd-garcharorion? A dyma ni'n penderfynu paratoi deiseb, a chael personau megis Archesgob Cymru, Archesgob yr Eglwys Gatholig, ac arweinwyr eraill yr eglwysi yng Nghymru i'w llofnodi. Mi aethom â'r ddeiseb i Rif 10 Downing Street, 8 Gorffennaf 2007. Dim ond 2500 o enwau oedd arni. Na, dylwn ail-fynegi'r frawddeg yna! 'Roedd 2500 o enwau ar y ddeiseb.'

*Cynrychiolwyr Cristnogion yn Erbyn Poenydio yn cyflwyno deiseb i rif 10 Downing Street i ryddhau Omar Deghayes, 18 Gorffennaf 2007. Rhes flaen: Elizabeth Jenkins, Zohra Zewawi (mam Omar), y Parchg Roy Jenkins, ac Anne Morgan. Rhes ôl: Robin Gwyndaf ac Abubaker Deghayes (brawd Omar).*

*Omar Deghayes a fu'n garcharor ym Mae Gwantanamo am chwe blynedd.*

Os gofyn neb a oedd y cyfan yn werth y drafferth, gall Zohra Zewawi, mam Omar, ac Abubaker Deghayes, brawd Omar, roi'r ateb. Roeddynt hwy gyda ni wrth ddrws tŷ y Prif Weinidog. Ymhen ychydig o fisoedd roedd Omar Deghayes a phedwar carcharor arall wedi'u rhyddhau. A gafodd ein deiseb fechan ni unrhyw ddylanwad? Wyddom ni ddim. Ond nid dyna'r cwestiwn pwysig. Y cwestiwn pwysig yw hwn: a allem ni fod wedi peidio â threfnu deiseb o'r fath? Allem ni fod wedi dweud: 'gad fi'n llonydd, o fy Nuw, gad fi fod'? A'r ateb yw 'na'.

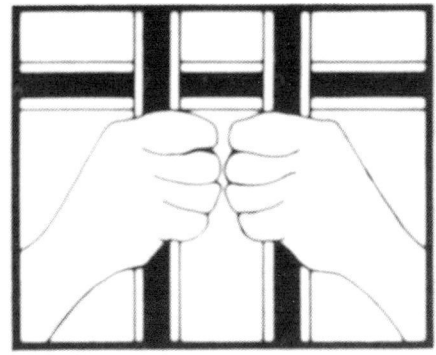

*Arwyddlun Cristnogion yn Erbyn Poenydio.*

# 6

# Yr Aifft: Gwlad y Cristnogion Coptig a'r Esgyrn Gleision

*'Yna dywedodd yr Arglwydd wrth Cain: "Ble mae dy frawd, Abel?" Meddai yntau: "Ni wn i. Ai fi yw ceidwad fy mrawd?"* (Gen. 4:9)

*'Gwelais y byd i gyd. Rwy'n dysgu rhywbeth gan bobl ymhobman. Y mae gwirionedd mewn Hindŵaeth, Cristionogaeth, Islam - pob crefydd. Ac mewn siarad naturiol bob dydd. Yr unig grefydd werthfawr yw'r wir grefydd: crefydd cariad.'*

Muhammad Ali. Cylchgrawn *Saga*, Chwefror 2002

A dyma ni yn awr yn Yr Aifft. Ninnau'n cofio i Marc ddod â'r Efengyl i'r wlad hon yn ystod y ganrif gyntaf a theyrnasiad Nero, yr ymerawdwr Rhufeinig cyntaf i gosbi'r Cristnogion. Cafodd Marc ei hun ei lofruddio'n greulon yn Alexandria (8 Mai 68 yw'r dyddiad a roddir), ac fe lusgwyd ei gorff drwy strydoedd y ddinas gan filwyr Rhufain.

Heddiw y mae Cristnogion yn parhau i gael eu herlid yn Yr Aifft. Felly hefyd mewn nifer o wledydd megis Irac, Iran, Pakistan a'r India. Prin y clywn ni sôn o gwbl am yr erlid hwn ar y newyddion, ond trist iawn yw darllen am ddioddefaint Cristnogion yn y gwledydd hyn yn y cylchgrawn *Barnabas*. Dyma gymdeithas sy'n gwneud gwaith rhagorol i gynnig 'gobaith a chymorth' i gannoedd lawer o Gristnogion sy'n cael eu cam-drin

*Marc a ddaeth â'r Efengyl i'r Aifft yn y ganrif gyntaf. Fe'i merthyrwyd yn Alexandria gan filwyr Rhufeinig yn 68 OC.*

ac, yn aml, yn cael eu gorfodi i adael eu cartrefi a'u gwlad.

Braint a chyfrifoldeb mawr i Eleri a minnau oedd cael gwahoddiad i fynd ar bererindod i'r Aifft ym mis Chwefror 2007. Doedd hi ddim yn daith hawdd. Yn wir, ar adegau, roedd hi'n beryglus, er bod heddlu a milwyr digon clên yn gofalu amdanom. Ond roedd hi'n daith a wnaeth argraff annileadwy arnom. Cymaint mwy sydd gan bob un ohonom i'w ddysgu.

Un diwrnod mi lwyddom yn ddirgel i gyfarfod â'r Esgob Wissa, Baliana, ac i fynd i'r Fynachlog Wen yn Nhalaith Sohag.

*William Arsal Shaiboub,
Cristion Coptig o'r Aifft,
yn y carchar ar gam.*

Yno, drwy gymorth yr Esgob Wissa, mi gawsom gwrdd â Daud, priod **William Arsal Shaiboub**, a chyflwyno iddi anrhegion a chyfarchion o Gymru. Cristion Coptig yw William sydd wedi cael ei boenydio a'i garcharu ar gam er mis Mehefin 2000. Fe'i cyhuddwyd o lofruddiaeth, ond bellach y mae'r ddau filwr a'i cyhuddodd wedi cyfaddef iddynt wneud hynny o dan orfodaeth. Eto, mae William Shaiboub yn y carchar a'r awdurdodau Mwslemaidd yn ofni ei ryddhau. Ond mae'r ymgyrch yn mynd rhagddi, a gofynnwn yn garedig ichwi anfon llythyr cwrtais at: Y Gweinidog Iawnderau, Mamdoh Mohie E-din Marie, Magles El Saeb, Wezaret Al Adl, Cairo, Yr Aifft. Byddai Daud, priod William Shaiboub, hithau yn mawr werthfawrogi derbyn cerdyn

*Daud, priod William Shaiboub, y carcharor, yn derbyn rhodd o Gymru ac anrheg gan Eleri a Robin Gwyndaf, yn y Fynachlog Wen, Talaith Sohag, Yr Aifft, 5 Chwefror 2007.*

o gysur (o dan ofal Yr Esgob Wissa, Deoniaeth Baliana, Talaith Sohag, Yr Aifft).

Ganrifoedd yn ôl roedden nhw arfer â galw'r Cristnogion Coptig yn yr Aifft wrth y llysenw 'Yr Esgyrn Gleision'. Pam hynny? Oherwydd fod y Cristnogion gynt yn gorfod cario croes o bren yn pwyso saith bwys am eu gwddw wrth weithio. Fel y symudai'r groes, roedd y pren yn torri'r cnawd hyd at yr 'asgwrn glas'. Heddiw y mae'r Cristnogion yn yr Aifft yn parhau i gario croesau. Os ydych chi eisoes yn Gristion yn yr Aifft, cewch ganiatâd parod i arddel Islam, ond os ydych chi'n arddel Islam, chewch chi ddim caniatâd i dderbyn y Ffydd Gristnogol. Os ydych chi'n Gristion, does fawr o obaith chwaith i chwi gael

*Mynachlog Deir El Mouharak, Yr Aifft, 4 Chwefror 2007. Gwasanaeth bedydd babanod Cristnogion Coptig. Sylwer yn arbennig ar y croesau Coptig ar wisg y baban sydd i'w fedyddio.*

swydd dda. Yn yr ysgol, yn y cartref, yn y gwaith... mae'r erlid yn parhau.

Eto, er yr holl anawsterau, y mae tystiolaeth yr Eglwys Gristnogol Goptig yn yr Aifft heddiw yn destun edmygedd di-ben-draw ac yn fflam o obaith. Mor barod ydynt i aberthu ac i fod yn llawen, er pob erledigaeth. Nid oes angen mwy o dystiolaeth o hynny na'r hyn sy'n digwydd y dyddiau hyn yn un o ardaloedd tlotaf y byd, ychydig filltiroedd o ganol Cairo. Yr enw ar y rhan hon o'r ddinas yw Dinas y Sbwriel, ac yno yn y canol y mae eglwys: Eglwys Al Mokkattam, wedi'i naddu o'r graig. Y mae lle i 20,000 o bobl i eistedd yn yr eglwys ryfeddol hon, eistedd ar seddau o gerrig, eto wedi'u naddu o'r graig.

Wrth ryfeddu at wyrth yr eglwys nodedig hon yn y graig yng nghanol Dinas y Sbwriel, daeth i'r cof aberth a gwasanaeth Cristnogion cynnar y wlad – tadau a seintiau'r bedwaredd a'r

*Ysgol Mihangel Sant, El Fayoum, Yr Aifft, 3 Chwefror 2007. Ehab Gergis Hanna Mankaryous gyda'r Brifathrawes, ar y dde, a chwaer o Bangalore, Yr India, yn y canol.*

bumed ganrif yn arbennig, personau megis Sant Anthony. Y mae eu gwasanaeth mewn gair a gweithred yn parhau yn ffynnon o ysbrydoliaeth hyd heddiw, fel y darganfu'r Dr Rowan Williams pan sgrifennodd ei gyfrol *Silence and Honey Cakes. The Wisdom of the Desert* (Medio Media, 2003).

Ond ym mis Chwefror 2007, wedi'r rhyfeddu, wedi'r cofio, wedi'r profiad cofiadwy o gael ymweld â sawl mynachlog yn yr Aifft a chyfarfod ag arweinwyr rhai o'r eglwysi Cristnogol Coptig heddiw, wedi'r teithio, wedi'r trafod, daeth yn amser inni roi'r gair ar waith. Dyna paham y mae Eleri a minnau wedi penderfynu mabwysiadu myfyriwr tlawd o El Fayoum, Yr Aifft:

Cristion Coptig o'r enw **Ehab Gergis Hanna Mankaryous**. Rhoes Ehab ei fryd ar astudio twristiaeth a chael mynd â phobl o bob rhan o'r byd i brofi traddodiad Cristnogol cyfoethog ei wlad – y traddodiad Coptig. Oherwydd ei fod yn Gristion, does ganddo fawr o obaith i gyflawni'r freuddwyd heb orfod gadael ei wlad i astudio – cwrs blwyddyn am radd Meistr. Cafodd ei dderbyn eisoes gan Athrofa Prifysgol Cymru, Caerdydd (UWIC) ac yr ydym ninnau wedi ymrwymo i dalu'r ffioedd tramor o £9,000 ynghyd â chostau bwyd a llety, llyfrau ac ati. Er gwaethaf llu mawr o anawsterau eisoes, yn arbennig ar ran Llysgenhadaeth yr Aifft, sydd fel pe baent am greu pob math o rwystredigaethau, llwyddwyd o'r diwedd i Ehab gael caniatâd i ddod i Gymru, a bydd yn dechrau ar ei gwrs ym mis Medi 2008. Dymunwn iddo ef, ei briod Niveen, a'u mab bychan, Kyrillos, bob bendith a llwyddiant.

# 7

# Academi Amddiffyn Sain Tathan

*'Rhaid i ddynoliaeth roi diwedd ar ryfel, neu bydd rhyfel wedi rhoi diwedd ar y ddynoliaeth.'*

John F Kennedy

*'Y mae arnom gyfrifoldeb i'n plant ac i blant ein plant i adeiladu byd mwy diogel, byd mwy cyfiawn, byd mwy iachus – a gwneud hynny yn y modd gorau posibl.'*

Jill Gough, Ysgrifenyddes CND Cymru, ar achlysur cyfarfod protest o flaen y Senedd yng Nghaerdydd yn erbyn Academi Amddiffyn Sain Tathan, 17 Ionawr 2008

Wedi teithio'r byd, y mae'n bryd i ninnau yn awr ddychwelyd i Gymru. Yn ôl i Gymru ac i Fro Morgannwg. Yma yn y gornel hyfryd hon o'n gwlad yn y chweched ganrif, yn oes y seintiau, yr oedd academi a oedd yn adnabyddus drwy Ewrop, oherwydd yma o'i fynachlog enwog yn Llanilltud Fawr yr anfonodd Sant Illtud a'i gyd-fynachod ei weision i lawer rhan o Gymru a thu hwnt yn genhadon yr Efengyl. Ac yma yn agos i Lanilltud Fawr a phentref Sain Tathan heddiw y mae, fel y gwyddom, gapel bach Bethesda'r Fro. Rydym yn cysylltu'r capel, wrth gwrs, â dau o'n hemynwyr mawr. Yn gyntaf, John Williams (1728?-1806), awdur emynau megis 'Pa feddwl, pa 'madrodd, pa ddawn...', a 'Pwy welaf o Edom yn dod...' Ac yna Thomas William (1761-1844), awdur emynau megis 'Y Gŵr wrth Ffynnon Jacob...', 'O'th flaen, O Dduw, rwy'n dyfod...', ac 'Adenydd colomen pe cawn...' (cydawdur).

Bethesda'r Fro... Cofiwn mai enw ar lyn ger Porth y Defaid yn Jerwsalem yw Bethesda. Ystyr y gair Hebraeg yw 'tŷ trugaredd'. Gynt bu Bethesda'r Fro, megis llawer tŷ cwrdd tebyg iddo, yn ffynnon o ysbrydoliaeth. Ond heddiw y mae capel Bethesda'r Fro wedi'i amgylchynu gan Ganolfan Awyrlu Sain Tathan, ac y mae'r eglwys sy'n cyfarfod yno i addoli o Sul i Sul, er mawr dristwch i rai ohonom, o blaid y datblygiadau chwyldroadol enfawr sydd ar fin cael eu gwireddu yng nghynefin Tathan Sant a seintiau eraill y fro gysegredig hon.

Ym mis Ionawr 2007 gwnaeth Llywodraeth Prydain ddatganiad ei bod yn fwriad i sefydlu yn Sain Tathan Academi Hyfforddiant Amddiffyn, un o'r rhai mwyaf o'i bath yn Ewrop, os nad yn y byd. A'r gost? Pedwar biliwn ar ddeg. Croesawyd y newyddion hyn yn ddiwahân gan wleidyddion o bob plaid a chan y cyfryngau. Roedd y siampaen yn llifo ar risiau'r Senedd yng Nghaerdydd wrth i Rhodri Morgan, y Prif Weinidog, ddathlu mai dyma'r newyddion gorau i economi Cymru ers blynyddoedd maith. 5000 o swyddi erbyn y flwyddyn 2013. Jill Evans, ASE, yw un o'r ychydig wleidyddion cenedlaethol sydd wedi mynegi ei gwrthwynebiad yn groyw o'r dechrau i sefydlu'r Academi filwrol hon, a lleisiau unig iawn fu lleisiau mudiadau megis CND Cymru a Chymdeithas y Cymod. Meddai Cymdeithas y Cymod yn ei datganiad i'r Wasg, 21 Ionawr 2007:

> 'Ni allwn lawenhau wrth feddwl taw diwydiant lladd a dinistrio sy'n dod â gobaith economaidd i Gymru. Ni

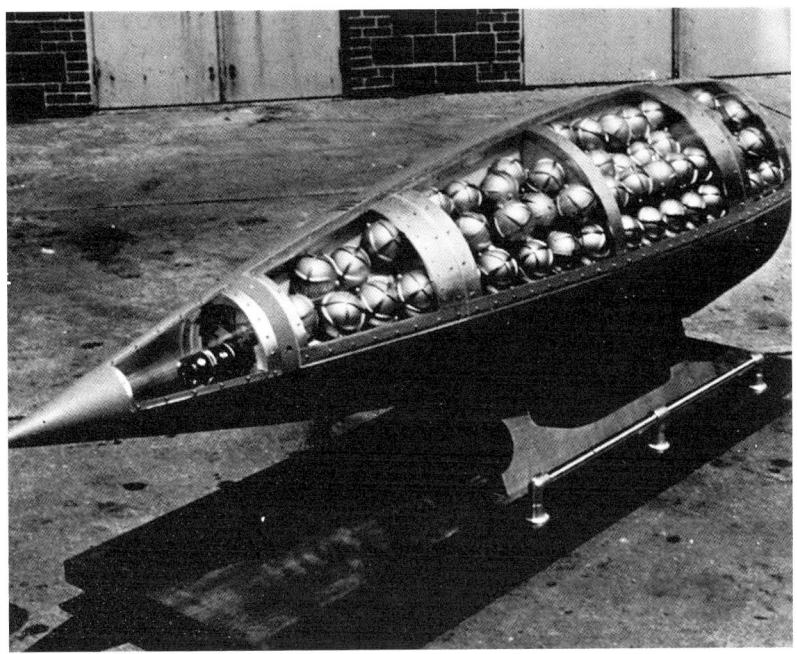

*Bomiau clwstwr dieflig.*

allwn orfoleddu wrth feddwl fod miloedd o bobl ifanc yn mynd i gael eu dyfodol wedi ei lywio gan y peiriant rhyfel...'

Nod yr Academi yn Sain Tathan yw bod yn brif ganolfan hyfforddi, neu brifysgol, ar gyfer tri gwasanaeth y lluoedd arfog Prydeinig: y tir, y môr a'r awyr. Yr enw yw Academi Hyfforddiant Amddiffyn... er nad oes neb, hyd y gallaf i farnu, yn gallu ateb y cwestiwn yn briodol: amddiffyn beth ac amddiffyn pwy. Cwmnïau preifat, nid y Cynulliad na'r Llywodraeth Brydeinig, fydd yn rheoli'r Ganolfan: Consortiwm Metrix, sef cwmni menter ar y cyd rhwng Land Securities Trillium a Qinetiq, mewn partneriaeth gyda nifer o gwmnïau eraill, yn cynnwys Raytheon, Serco a'r Brifysgol Agored. Er i wleidyddion y Cynulliad geisio

*Rhagor o fomiau clwstwr*

anwybyddu'r wybodaeth, gwyddom fod Cwmni Raytheon ymhlith cynhyrchwyr taflegrau mwyaf y byd. Un o fomiau Raytheon a darodd Farchnad Shu'ale ym Maghdad yn 2003 a lladd dros 60 o bobl, yn cynnwys plant. Ffaith frawychus arall yw bod gan Gwmni Raytheon ran amlwg mewn cynhyrchu bomiau clwstwr. Ie, bomiau clwstwr, sydd yn oes oleuedig yr unfed ganrif ar hugain yn parhau i ladd ac anafu plant a phobl ddiniwed wrth eu cannoedd – a hynny yn aml ymhen blynyddoedd wedi i'r bomiau ddisgyn. Ni, gefnogwyr Darlith Goffa Lewis Valentine, a allwn ni feddwl am unrhyw beth sy'n adlewyrchu barbareiddiwch dyn yn fwy na'r defnydd o'r arfau dieflig hyn?

Yr union adeg yr wyf ar fin anfon y ddarlith hon i'r wasg i'w hargraffu (yr ail ar hugain o Fai 2008), cynhelir cynhadledd gydwladol yn Nulyn i ystyried cynnig hollbwysig, sef cynnig i wahardd yn llwyr y defnydd o fomiau clwstwr. Trist meddwl fod Prydain yn un o'r gwledydd sy'n bwriadu gwrthod arwyddo.

*Un bom. Ond sawl bywyd a ddinistrir?*

A thristwch pellach yw fod Cymru, unwaith yn rhagor, yn cael ei chynnwys fel rhan o Brydain. Beth y gallwn ni ei wneud? Mynegi ein barn yn llafar ac anfon at y Prif Weinidog.

Pan wnaed y datganiad fod yr Academi Filwrol i'w sefydlu yn Sain Tathan, a oedd pobl Cymru yn gwybod bod cwmnïau megis Raytheon yn gysylltiedig â'r datblygiad? A oedd aelodau'r Cynulliad eu hunain yn gwybod? Ydi eglwysi Cymru'n gwybod? Ydym ni'n gwybod? Pan ddeuthum i i wybod gyntaf am yr hyn a oedd yn debyg o ddigwydd yn Sain Tathan, roeddwn i'n drist iawn. Gofid calon. Roedd gen i freuddwyd, ac mi wn mod i'n rhannu'r freuddwyd hon gyda llawer un arall ohonoch chi'r foment hon. A dyma'r freuddwyd. Ar ddechrau milflwyddiant newydd, ar ddechrau canrif newydd, roedd gen i freuddwyd bod

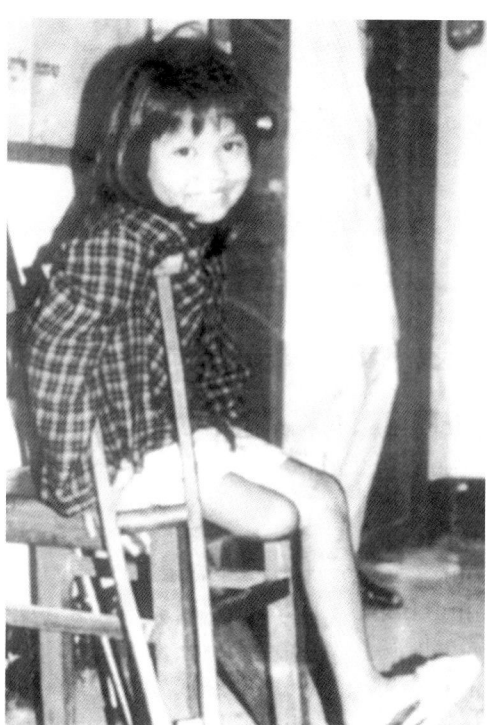

*Y plentyn hynaf mewn teulu tlawd o amaethwyr o ardal Angkor Wat, Cambodia, yw Mom. Un min nos aeth gyda'i mam at lan yr afon i gasglu coed tân. Cerddodd i fan lle'r oedd ffrwydron tir...*

yna gyfle newydd, cyfle i Gymru gyda'i Senedd o'r newydd i ddatgan i'r byd: er mai gwlad fechan yw Cymru o ran maint, bod iddi bosibiliadau mawr. Ac un o'r posibiliadau hyn ydoedd bod yna gyfle iddi arwain y byd ym maes heddwch a chyfiawnder, cyfle iddi arddangos i'r byd ei bod o blaid cael gwared am byth o'r diwylliant rhyfel, diwylliant arfau, diwylliant lladd a dioddef sydd o'n cwmpas ymhobman, megis pla yn difa ac yn anharddu bywyd. Ac yn ei le, gorseddu diwylliant heddwch. Cael gwared am byth o'r gred gyfeiliornus fod rhyfela a rhuthro i ollwng bomiau yn fodd i ddatrys anghydfod rhwng gwlad a gwlad, pobl a phobl.

Dyna'r freuddwyd. Ond yn awr gyda'r sôn am sefydlu'r Academi Filwrol yn Sain Tathan, beth sy'n debygol o ddigwydd? Mi ddywedaf. Bydd pobl ymhob cwr o'r byd yn y man yn dod i gysylltu Cymru - a Bro Morgannwg, yn arbennig - ag un o'r canolfannau milwrol mwyaf a grymusaf y gwyddon nhw amdani. Nid Cymru gwlad Henry Richards a George M Ll Davies, nid gwlad Waldo, Lewis Valentine a Gwynfor Evans fydd Cymru mwy, ond y wlad sy'n hyfforddi pobl ifanc o bob rhan o'r byd sut i 'amddiffyn' - ie, ond hefyd sut i ladd. Does ryfedd chwaith fod rhai pobl eisoes yn dechrau poeni a holi a ddaw Bro Morgannwg yn y man yn darged i dreiswyr a hunan-fomwyr, oherwydd cysylltu'r Academi yng Nghymru â'r 'brawd mawr', America a Llywodraeth Prydain, a ruthrodd i ryfel yn Irac ac Affganistan.

★ ★ ★

Y mae darllen Darlithoedd Coffa Lewis Valentine yn ein hatgoffa yn fyw iawn mor gyfoethog fu'r traddodiad heddwch yng Nghymru. Bu'n draddodiad cyfoethog ymhlith Cristnogion o bob enwad – ac enwad y Bedyddwyr yn amlwg iawn yn eu plith. Yn ei ddarlith ef ('Cofio'r Ailfedyddwyr', Caerdydd, 1996) y mae'r Parchg John Rice Rowlands, er enghraifft, wedi ein hatgoffa yn fyw iawn o gyfraniad Bedyddwyr cynnar yr unfed ganrif ar bymtheg. Y mae'n dyfynnu geiriau Lewis Valentine ei hun o'r anerchiad a draddodwyd ganddo o Gadair yr Undeb yng Nghalfaria, Clydach ar Dawe, 1962.

> 'Hefyd y mae'n gyffro pleserus cofio'r cyff Bedyddiedig, - yr Ailfedyddwyr, yr hanfuom ohono... iddynt hwy bedair canrif yn ôl hyd yn oed, *wrthwynebu dienyddio dynion*, a chyhoeddi bod lladd yn drosedd anfad dan bob amgylchiad, ac iddynt wrthwynebu rhyfela, a thalu trethi rhyfel.'

Yn ei anerchiad *Paham y Llosgasom yr Ysgol Fomio* (1936, tt.34-5) y mae Lewis Valentine yn cyfeirio at benderfyniad hollbwysig Undeb Bedyddwyr Cymru a wnaed yn Rhoslannerchrugog ym mis Medi 1932 - penderfyniad a gadarnhawyd droeon gan yr Undeb ar ôl hynny. Wedi cyfeirio at 'greulondeb, ffieidd-dra ac oferedd rhyfel', y mae'r penderfyniad yn datgan yn bendant bod:

> 'rhyfel yn hollol groes i ddysgeidiaeth ac esiampl ein Harglwydd a'n Gwaredwr Iesu Grist, ac mai ein dyletswydd ddiamheuol, fel Bedyddwyr, yw anrhydeddu ein proffes ohono Ef trwy lwyr ymwrthod â dwyn arfau dinistr...'

1932 oedd y flwyddyn honno. A dyma hi yn awr yn 2008 a'r cyhoeddiad newydd am yr Academi wedi'n sobreiddio. Beth a ddigwyddodd i ddatganiad dewr Undeb Bedyddwyr Cymru? I ble'r aeth y freuddwyd? Ac nid dyna'r stori i gyd. Nid yw datblygu'r Academi arfaethedig ym Mro Morgannwg ond rhan o strategaeth filwrol ehangach, rhwydwaith filwrol sy'n ymdreiddio'n ddirgel, gyson, i bob cornel o fywyd, ac yn gafael megis gefail yn dynnach dynnach amdanom. Y mae miloedd ar filoedd o unigolion yn byw eu bywydau bob dydd ym myd arfau ac yn cynllunio mwy o arfau. Ac yn dibynnu ar hynny hefyd am eu bywoliaeth. Yr un modd, y mae cwmnïau cyhoeddus lawer yn dibynnu ar arfau a masnach filwrol i wneud elw. Ac eithrio America fawr ei hun, y mae Prydain yn allforio mwy o arfau nag unrhyw wlad arall yn y byd. Y mae llawer o'r arfau hyn yn mynd i afael arweinwyr gwledydd sydd, o bosibl, yn cam-ddefnyddio'r arfau, ac yn aml yn erbyn eu pobl eu hunain. A beth yw'r fantais honedig i Brydain? Gwneud arian. Ie, ond hefyd ennill mwy o rym - ennill mwy o reolaeth ar yr union wledydd y bu iddi werthu'r arfau iddynt.

Pa ryfedd i Pennar Davies o Gadair Undeb yr Annibynwyr yn Rhosllannerchrugog yn 1973 ddatgan y geiriau hyn yn ei anerchiad ysgytwol, *Y Pethau Nid Ydynt* (t.16):

'Does dim ystyr o gwbl i'n holl eglwysyddiaeth na'n holl gapelyddiaeth na'n holl eciwmeniaeth chwaith os ydym yn fodlon ar ryfel a thrais fel dulliau i sefydlu cyfiawnder.'

A pha ryfedd i Nia Rhosier hithau yn ei Darlith Goffa, *Daearu Cariad Crist* (1999, t.10), lefaru'r geiriau hollbwysig a ganlyn:

'Run fath yn union â'r fasnach gaethweision ddwy ganrif yn ôl, y mae rhan y Deyrnas Unedig yn y fasnach arfau yn drosedd yn erbyn Duw ac yn farc o ddiystyrwch sarhaus tuag at sancteiddrwydd bywyd.'

Rhwydwaith filwrol sy'n ymdreiddio i bob cornel o fywyd, meddwn gynnau. Ac un o'r corneli hynny yw ein colegau. Mewn adroddiad pwysig a baratowyd gan Tim Street a Martha Beale, *Study War No More* (cyhoeddwyd gan Gymdeithas y Cymod Ryngwladol a'r Ymgyrch yn Erbyn y Fasnach Arfau, 2007) fe ddatgelwyd y ffaith arswydus hon: yn ystod y blynyddoedd 2001-06 cyflwynodd cwmnïau masnachol a chwmnïau arfau gymaint â 725 miliwn o bunnoedd i noddi cynlluniau milwrol mewn prifysgolion ym Mhrydain. Ymhlith y prifysgolion hynny y mae Caerdydd ac Abertawe.

Y newyddion diweddaraf un o fyd addysg - ac y mae'n newyddion trist - yw bod trefnwyr yr Academi Filwrol arfaethedig yn Sain Tathan eisoes wedi dechrau trafod gydag athrawon Ysgol Gyfun Llanilltud Fawr yr holl fanteision honedig a fydd yn deillio i Gymru ac i'r gymuned o sefydlu'r Academi. Y mae'r Cynulliad

*Ymgyrchu yn Sain Tathan yn erbyn yr Academi Filwrol, nos Iau, 23 Awst 2007.*

bellach yn gyfrifol am drefnu addysg yng Nghymru. A ydym yn mynd i ganiatáu'r hyn sy'n digwydd yn Ysgol Gyfun Llanilltud Fawr? Yr ateb yw 'Na'.

Na i gynnal diwylliant rhyfel. Ie i greu a chynnal diwylliant heddwch. Er gwaethaf yr adroddiad trist am ddyfodiad yr Academi arfaethedig i Sain Tathan; er gwaethaf ymateb siomedig gwleidyddion Cymru, mae'r freuddwyd o hyd yn fyw. Y mae'n rhaid ei chadw'n fyw. Ni ddylai'r gair 'Na' fod yng ngeiriadur yr heddychwr. Dyna paham y daeth nifer ohonom at ein gilydd ar unwaith wedi clywed am yr Academi arfaethedig, dod at ein gilydd yn y Deml Heddwch yng Nghaerdydd, a dod yn enw heddwch i sefydlu Ymgyrch Sain Tathan. Cydweithio yn agos hefyd gyda 'Chynefin y Werin', y rhwydwaith Gymreig sy'n hyrwyddo heddwch rhyngwladol, cyfiawnder cymdeithasol, hawliau dynol a chydraddoldeb. A chyhoeddwyd llyfryn dwyieithog gennym: *Academi Hyfforddiant Amddiffyn Sain Tathan a Dyfodol Cymru: St Athan Defence Training Academy and the Future of Wales.* Yr awdur yw Stuart Tannock.

*Awdur y ddarlith hon yn ymgyrchu ar risiau'r Senedd yng Nghaerdydd yn erbyn Academi Filwrol Sain Tathan, 17 Ionawr 2008.*

Fel rhan o'r ymgyrch buom (yng nghwmni'r heddlu!) yng Nghanolfan y Llu Awyr yn Sain Tathan. Buom hefyd un diwrnod o flaen y Senedd yng Nghaerdydd. Gosodwyd darnau bychain lliwgar o bapur gennym ar risiau'r Senedd yn symbol o fomiau clwstwr, gan estyn gwahoddiad i aelodau'r Cynulliad ddod yno i'w gweld. Ni ddaeth neb. Ond y mae'r ymgyrch yn mynd rhagddi o nerth i nerth ac wedi ymledu bellach i rannau eraill o Gymru. Y mae hynny'n codi calon. Ddiwedd Ebrill, cynhaliwyd protest genedlaethol. Trefnwyd deiseb gennym yn ogystal, ac y mae gwahoddiad i bawb ei llofnodi a'i dychwelyd at y Deml Heddwch.

# 8

# Wele Fi, Anfon Fi

*'Clywais hefyd lef yr Arglwydd yn dywedyd: "Pwy a anfonaf a phwy a â drosom ni?" Yna dywedais: "Wele fi, anfon fi".'* (Eseia 6:8)

*'Os yw'r mwyafrif o bobl yn gwrthwynebu rhyfeloedd, ac eto ar yr un pryd yn credu ei bod yn amhosibl i'w rhwystro, yna y newid cyntaf sydd ei angen yw'r newid agwedd yn ein meddyliau ni ein hunain. Rhaid inni gael gwared ar y syniad 'ei fod yn amhosibl', oherwydd dim ond yr hyn a gredwn am y gwirionedd sy'n ein rhwystro rhag ei newid.'*

Mikhail Gorbachev, 1997

Yng nghanol brwdfrydedd protestio o blaid heddwch a chyfiawnder, da yw cofio bob amser mai cymharol rwydd yw dweud 'na'. Nid mor rhwydd yw cynnig cynllun neu gynlluniau pendant cadarnhaol. Un awgrym arbennig a wnaed gennyf – ac rwy'n ei ail-adrodd yn awr – yw cyflwyno astudiaethau heddwch a chyfiawnder a hawliau dynol fel pynciau craidd yn yr ysgolion. A'r Cynulliad bellach yng ngofal addysg, dyma gyfle euraid i Gymru roi arweiniad i weddill Ewrop. Felly hefyd y mae mawr angen cyflwyno'r pynciau hyn yn faes astudiaeth yn y colegau.

Un awgrym pellach. Yn y gorffennol bu'r Cynulliad yn dawedog ar faterion heddwch. Dim barn ar Affganistan. Dim barn ar Irac. Mater i Lywodraeth Prydain yw hyn, meddir. Na,

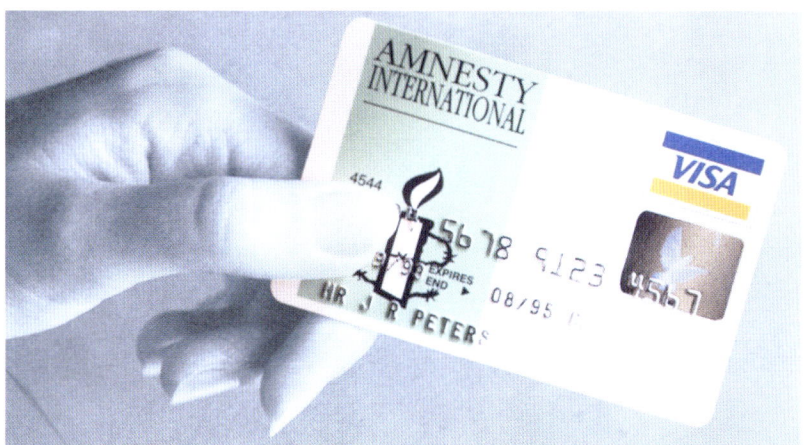

*Arf newydd i atal gormes.*

meddaf innau. Y mae'n hen bryd i'r Cynulliad roi arweiniad. Paham y mae'n rhaid i Gymru gael ei llusgo, fel ci bach, i dderbyn polisi Llywodraeth Prydain ar faterion o'r pwys mwyaf, materion heddwch a rhyfel? Fel aelodau o eglwysi Cymru, felly, mynegwn ein barn yn glir a chroyw wrth aelodau'r Cynulliad. A phan ddaw yn etholiad, cofiwn holi beth yw safbwynt yr aelodau ar y materion pwysig hyn.

A dyma awgrym arall. Y mae sôn yn awr am gael diwrnod arbennig i gydnabod cyfraniad milwyr Prydain. Onid rheitiach filwaith fyddai cael dydd o ŵyl i ddathlu heddwch a chyfiawnder, dydd i ddathlu ac i ddiolch am yr holl weithgarwch dyngarol ardderchog a gyflawnir gan unigolion, eglwysi, cymdeithasau a mudiadau? Unwaith yn rhagor, mynegwn yn gadarn ein barn ac anfonwn air at y Prif Weinidog ac at y Cynulliad.

Gallwn hefyd fynegi wrth aelodau'r Cynulliad ein dymuniad i weld cenhedloedd y byd yn ail-feddiannu'r Cenhedloedd Unedig, yn hytrach na bod dyrnaid o wledydd pwerus – ac America yn amlwg yn eu plith – yn tueddu i dra-arglwyddiaethu. Y ddelfryd yw i Gymru gael ei sedd ei hun yn y sefydliad hollbwysig hwn. Dyna'r ddelfryd a dyna sy'n gyfiawn. Cyfle i genedl fechan, megis Cymru, barhau traddodiad gloyw'r gorffennol o barchu heddwch a chyfiawnder.

Y mae cyfle ymhellach i ni sydd am weld gweithredu heddwch i fanteisio ar wasanaeth Llys y Byd. Ar hyn o bryd y mae gwahoddiad inni arwyddo'r datganiad a ganlyn: 'Nid wyf yn derbyn y gall arfau niwclear fy amddiffyn i, fy ngwlad na'r gwerthoedd rwyf yn eu coleddu.' Wedi arwyddo'r datganiad fe'i cyflwynir wedyn ar ran Llys y Byd i Gynulliad Cyffredinol y Cenhedloedd Unedig. (Cyfeiriad Llys y Byd yn y Deyrnas Unedig yw: 67 Summerheath Road, Hailsham, Sussex, BN27 3DR.)

Gweithred syml a chymharol rwydd yw arwyddo datganiad o'r fath, neu osod ein henw ar ddeiseb. Ond er mor syml ydyw, pwy all fesur ei werth? Un o'r deisebau cyfredol y gallwn ei harwyddo yw'r un sy'n cynnwys y geiriau: 'Na i olynydd Trident; ie i gytundeb arfau niwclear.' (Gellir cael copïau o'r ddeiseb hon o'r Deml Heddwch.)

Soniais am yr angen i gyflwyno astudiaethau heddwch mewn ysgol a choleg. Ond yr un yw'r angen hefyd i'n hail-addysgu ni, aelodau eglwysig, bob un. Y mae pregethu heddwch yn hollbwysig, ond gwyddom fod mwy i addoli na chyflwyno a gwrando'r gair. Bob tro yr awn i oedfa, dylem hefyd ofyn: yn awr sut y gallwn ni roi'r gair ar waith? Wedi'r dweud, gwneud. 'Da yw dweud, ond gwell yw gwneud.' Oes yna ddalen i'w harwyddo? Oes yna rif ffôn i'w ddeialu. Oes yna lythyr y gallwn ni ei anfon? Oes yna wylnos y gallwn ni ei threfnu?

I gyflawni'r gorchwylion ymarferol hyn y mae mawr angen

*Cariad ar waith.
Y Chwaer Elena yn
y Pentref Plant yng
Ngwatemala.*

anogaeth a chyfarwyddyd arnom. Y mae'n waith dieithr inni. Rydym yn fwy cyfarwydd â chanu pedwar emyn, darllen a gweddïo a gwrando'r bregeth. Ond dyma'r ail-addysgu, yr ail-hyfforddi, yr hunanddisgyblaeth y mae pob disgybl i Iesu Grist ei angen heddiw. A oes cyfeillion yn yr eglwysi a all ddod i'r adwy i roi arweiniad gyda'r mân orchwylion pwysig hyn - ac i fod yn gefn i'r gweinidog? Mi gredaf fod, a mawr ddiolch amdanynt.

★ ★ ★

Eglwys ar waith yw eglwys Iesu Grist. Cariad ar waith yw'r grym sy'n cracio'r concrid ac yn symud y maen oddi ar y bedd. Cofiwn eiriau gorfoleddus Eseia (52:7): 'Mor weddaidd ar y mynyddoedd yw traed y negesydd sy'n cyhoeddi heddwch.' A'r un modd, cofiwn i'r Apostol Paul yn ei epistol at yr Effesiaid (6:14) ddweud: 'Safwch, ynteu, â gwirionedd yn wregys am eich cnawd, a chyfiawnder yn arfwisg ar eich dwyfron, a pharodrwydd i gyhoeddi Efengyl tangnefedd yn esgidiau am eich traed.' Efengyl ar gerdded yw efengyl cariad, cyfiawnder a heddwch.

Ond nid rhwydd bob amser yw llwybr y sawl sydd wedi ymrwymo i gerdded ffordd tangnefedd. Rhwydd yw dechrau'n llawn hyder, y gamp yw dyfalbarhau. 'Hawdd yw dwedyd dacw'r Wyddfa, / Nid eir trosti ond yn ara.' 'Gwyn eu byd y tangnefeddwyr', meddai'r Iesu. Nid 'gwyn eu byd y rhai sy'n caru tangnefedd (*eirene*)'; nid 'gwyn eu byd y rhai sy'n sôn am dangnefedd', ond 'gwyn eu byd y rhai sy'n gweithredu tangnefedd (*eirenopoia*).' A daw un o hoff eiriau'r eneidfawr Mahatma Ghandi i'r cof, sef *satyagraha*: 'dioddef drwy ddioddef goddefol'; goddef drwy aberth; goddef drwy ddioddef cariadus, gostyngedig; bod o ddifrif calon yn ein cariad at eraill; caru hyd at boen. Hyn, dybiaf fi, a arweiniodd Ghandi i ddweud, er cymaint ei edmygedd o Tagore, bardd mawr Yr India: 'Rhowch i ni weithredoedd, nid geiriau.' Gofynnodd rhywun rywdro i John Oman, y diwinydd, sut y byddai'n diffinio'r Cristion. Atebodd yntau: 'Cristion yw'r un sy'n gweithredu pan yw'n gweld.' (Dyfynnir gan D R Thomas yn ei ddarlith, *Newyddion Da i'r Byd*, 1985, t.1.)

Ond mor rhwydd i mi, ac i unrhyw un arall, yw sôn yn llawn eiddgarwch am weithredu. Gwyddom o'r gorau: cyn y gall neb ohonom roi'r cariad, y cydymdeimlad, y cyfiawnder, y tangnefedd y buom ni'n sôn amdanynt yn y ddarlith hon ar waith, rhaid wrth argyhoeddiad dwfn. Y mae rhaid i bob un ohonom fod wedi'n geni o'r newydd, gweld o'r newydd, teimlo o'r newydd. Rhaid cyrraedd y fan y cyfeiriwyd ato eisoes, sef bwlch yr argyhoeddiad. Cyrraedd a chroesi mewn edifeirwch a diolch, gan gofio bod y gair Hebraeg am edifeirwch, *shuv*, yn golygu yn llythrennol 'newid cyfeiriad'.

Newid cyfeiriad: dyna'r fraint a dyna'r her fawr i bob un ohonom. Ond er mor anodd yw'r daith; er mor unig; er mor gwbl amhosibl yn aml yw teimlo fel dyfalbarhau, llawenydd mawr yw gwybod y cawn ein hysbrydoli ar y daith. Oes, y mae cysuron ar gael. Enwaf dri yn unig. Yn gyntaf, gwybod mai gobaith yw ein meistr - gobaith, nid anobaith. Rydym yn adeiladu bob amser, os yn bosibl, ar gryfder, nid ar wendid. O leiaf, dyna'r nod. Gweld y gwpan yn hanner llawn ac nid yn hanner gwag.

Ar gyfer 2007-08 cyhoeddodd Cytûn lyfryn yn cynnwys hanes deuddeg o ddatblygiadau eithriadol o ddiddorol a gwerthfawr a ddigwyddodd yn enw rhai o eglwysi Cymru, o bob enwad, yn ystod y cyfnod hwn. Mi wyddom ninnau am lawer o ddatblygiadau cyffrous eraill o'r fath - amryw byd ohonynt wedi cael eu hysbrydoli gan eglwysi ymhlith Enwad y Bedyddwyr. Mawr ddiolch amdanynt. Un o'r rhai pwysicaf yw'r gefeillio rhwng Eglwys Sefika ym Maseru, Lesotho, ac Eglwys y Bedyddwyr, Y Tabernacl, Caerdydd (2003). Fel rhan o'r gefeillio aed ati i sefydlu clinig ym Maseru ar gyfer teuluoedd yn dioddef o AID (Afiechyd Imiwnedd Diffygiol, AIDS): 'Clinig Caselin'. Gwnaed hynny'n arbennig drwy weledigaeth ac ymroddiad y wraig Caselin, o Lesotho, a Non a Gwenallt Rees, Penarth, gyda chefnogaeth hael aelodau a chyfeillion y Tabernacl. Bu eglwysi ac unigolion araill yng Nghymru hwythau yn gefnogol iawn. Dymunwn i'r fenter bwysig hon - a mentrau tebyg iddi - bob bendith a llwyddiant.

Y tu hwnt i Gymru eto gallem gyfeirio at gyfrol nodedig a gyhoeddwyd yn 1999 sy'n cofnodi hanes 35 o ymgyrchoedd arbennig i sefydlu heddwch mewn gwahanol rannau o'r byd. Teitl y gyfrol werthfawr hon yw *People Building Peace. 35 Inspiring Stories*

*Yr eglwys ar waith. Caselin, gyda Non a Gwenallt Rees, Y Tabernacl, Caerdydd, o flaen 'Clinig Caselin' ym Maseru, Lesotho, Tachwedd, 2006.*

*from Around the World*. Yr un modd, gallem gyfeirio at gymwynas fawr y Dr Rhiannon Lloyd pan aeth i Rwanda i wasanaethu wedi'r hil-laddiad enbyd a fu yno yn 1994. (Gweler ei chyfrol *Llwybr Gobaith. Antur Cymodi o Gymru i'r Byd*, golygydd John Emyr; Gwasg Pantycelyn, Caernarfon, 2005.)

Yna, yn ail, y mae inni gysur mawr o wybod nad ydym ar ein pennau ein hunain yn y gwaith o adeiladu heddwch a chymod a chyfiawnder. Cawn gwmni'n gilydd fel teulu. A chawn gwmni'r Iesu, y penteulu, 'Tywysog Tangnefedd'. Dyma'r *koinonia*, y gyfeillach ysbrydol. Rydym yn gwmni i'n gilydd. Pan fo'r galon yn isel, rydym ni'n ysbrydoli – yn calonogi'n gilydd. Dyna bwysigrwydd arbennig y celloedd bychain: celloedd Cymdeithas y Cymod, celloedd cymdeithasau heddwch eraill, a chelloedd

GWELL CYTUNDEB
NA CHWERYL

Cristnogion yn Erbyn Poenydio. O, na bai mwy o'r celloedd hyn yn rhan o'n heglwysi. Ond am y rhai sy'n bod, myrdd o ddiolch.

Yna, yn drydydd, y mae yna un cysur mawr arall. Oes raid ei enwi? Er mor unig yn aml yw'r gwaith o geisio gweithredu heddwch a chyfiawnder; er ei bod yn ymddangos yn aml fel tasg gwbl amhosibl, y mae cymorth amserol i'w gael. Ac o ble y daw y cymorth amserol hwn? Daw, fe ddaw o Dduw ac o weddïo ar Dduw, gan gofio bob amser mai:

> Canmil gwell na gweddi faith
> Yw gweddi fer mewn dillad gwaith.

A chwi sydd wedi bod gyda mi ar y daith hon, bob cam o'r dechrau i'r diwedd, canmil diolch a phob bendith. Rwy'n cloi'r sylwadau hyn drwy ddyfynnu geiriau agoriadol gweddi fawr

**DILYNWCH FFORDD TANGNEFEDD**
www.cymdeithasycymod.org.uk

yr Arglwydd Iesu ei hun: 'Ein Tad, yr hwn wyt yn y nefoedd, sancteiddier dy enw. Deled dy deyrnas...' Teyrnas heddwch a thangnefedd, teyrnas cariad a chyfiawnder.

Rwy'n cloi'r ddarlith hon hefyd drwy ddyfynnu dwy gerdd. Yn gyntaf, pennill o gerdd y bardd, Robert Henry Jones (1860-1943), Tal-y-cefn Uchaf, Pentrellyncymer, Sir Ddinbych (treuliodd ran helaeth o'i oes yn gweithio mewn banc yn Lerpwl).

> Rhanna dy bethau gorau,
>     Rhanna, a thi yn dlawd;
> Rhanna dy wên a'th gariad,
> Rhanna dy gydymdeimlad,
>     Rhanna dy nefoedd, frawd.
> Rhyw nefoedd wael yw eiddo'r dyn
> Fyn gadw'i nefoedd iddo'i hun.

Yna dyfyniad o gerdd Cynan, 'Salaam'.

> Ni wn am un cyfarchiad gwell
> Nag a ddysgais gan feibion y Dwyrain pell...
>
> A'i law ar ei galon, 'Salaam' yw ei gri,
> Tangnefedd Duw a fo gyda thi...
>
> A'u dymuniad hwy yw nymuniad i:
> 'Tangnefedd Duw a fo gyda thi'.

*A oes gobaith am heddwch? Oes, ond y mae'n rhaid estyn dwylo a pheidio â chau dwrn.*

*Ôl nodyn: 28.v.2008.* Heddiw cafwyd newyddion da, a diolch amdano. Er i'r Fyddin wrthwynebu, cytunodd Llywodraeth Prydain, yn annisgwyl, ond wedi llawer o bwysau, i arwyddo'r Cytundeb yn Nulyn yn gwahardd y defnydd o fomiau clwstwr. Serch hynny, yn drist iawn, y maent ar hyn o bryd yn fodlon caniatáu i America gael parhau i ddefnyddio eu canolfannau hwy ym Mhrydain ar gyfer gwasgaru'r bomiau hyn.

# Er Cof am Patricio a Mariano
## Dau frawd a gladdwyd yn fyw mewn tomen sbwriel yn Ninas Gwatemala

Torrodd y wawr
Ar fore teg yn Ninas Gwatemala.
Cyn hir byddai'r cyfoethogion yn ymysgwyd o'u cwsg
Ac yn gloddesta wrth y bwrdd brecwast.

Yr un bore, ar godiad yr haul,
Cododd hefyd heidiau o blant carpiog
O'u cwteri ger y tomennydd sbwriel
I chwilio a chwalu
Ynghanol y cynrhon a'r carthion.
Ac ar un o'r tomennydd hyn –
Tomen rhif tri –
Yr oedd Patricio Zoc Osorio,
Deuddeng mlwydd oed,
A'i frawd, Mariano Rojas, flwyddyn yn iau:
Dau gorff bregus;
Dwy galon yn curo'n gyflym;
Dwy stumog ar eu cythlwng;
A dau bâr o draed bychain
Yn dringo'n uwch ac yn uwch
Mewn dygn angen am damaid o fwyd.

Yn sydyn, llithrodd y domen a'u claddu'n fyw.
Un floedd hir, yna distawrwydd.

A sŵn dim ond cri ddolefus yr adar ysglyfaethus
Yn hofran fry uwchben.

Am ugain munud
Gwnaed yndrech ofer i ddarganfod y brodyr,
Ugain munud yn unig,
Yna ailafaelodd gyrwyr y lorïau yn eu gwaith –
'Mae amser yn costio'n ddrud i'w meistri'.
Ni welwyd byth mwy
Gyrff drylliedig Patricio a Mariano.

A'r bore teg hwnnw yn Ninas Gwatemala
Nid oedd yno deulu i wylo dagrau o hiraeth,
Na'r un gohebydd
I osod penawdau breision mewn papur newydd
Am ddau o blant y stryd
A aberthwyd yn ddiseremoni
Ar domen sbwriel.

Gorffennodd y cyfoethogion eu brecwast
A thaflwyd y sbarion i'r bin.

Robin Gwyndaf.

*Nodyn.* Seiliwyd y gerdd uchod ar hanes a ddarllenwyd yng nghylchlythyr Bruce Harris, Asociacon Casa Alianza, Gwatemala, Mawrth 1998.

# Amser

Y mae amser yn rhy araf i'r rhai sy'n aros;
Yn rhy gyflym i'r rhai sydd mewn ofn;
Yn rhy hir i'r rhai sy'n galaru;
Yn rhy fyr i'r rhai sy'n llawenhau;
Ond i'r rhai sydd yn caru, y mae amser yn dragwyddoldeb.

> Pennill o'r gân, 'Time Is', gan y cerddor o Galiffornia, David Laflamme.
> (Cyfieithwyd o'r Saesneg gan RG)

# Darlithoedd Coffa Lewis Valentine: 1986 - 2008

Cyhoeddwyd, oni nodir yn wahanol, gan Gymdeithas Heddwch Undeb Bedyddwyr Cymru

1986    Pryderi Llwyd Jones, *Lewis Valentine yr Heddychwr*. Dyffryn Maelor.

1987    Harri Owain Jones, 'Martin Luther King'. Dyffryn Ceiriog. [Heb ei chyhoeddi]

1988    D R Thomas, *Helbulon Heddychwr*. Llandeilo.

1989    Ieuan Wyn Jones [Heb deitl]. Caergybi.

1990    Emlyn Jenkins [Heb deitl]. Y Frenni Fawr.

1991    Robin Gwyndaf, *Ai Ceidwad fy Mrawd Ydwyf I? Carcharorion Cydwybod ac Ymgyrch Cristnogion yn Erbyn Poenydio*. Llanelli. (Ymestyniad o ddarlith, gyda darluniau. 62 tud. Cyhoeddwyd gan yr awdur ar ran Cymdeithas Heddwch y Bedyddwyr.)

1992    Michael John Fitzgerald, *Rhyfel Cyfiawn?* Pont-lliw.

1993    W I Cynwil Williams, 'A yw Heddwch yn Bosibl yng Ngwlad Iesu?' Y Tabernacl, Caerdydd. [Heb ei chyhoeddi]

1994   F J Saunders Davies, *Duw yr Hedd*wch. Aberteifi.

1995   Robin Samuel, *Dietrich Bonhoeffer: Heddychwr*. Cwmafan.

1996   John Rice Rowlands, *Cofio'r Ailfedyddwyr*. Y Tabernacl, Caerdydd.

1997   Emlyn John, *Rhai o Heddychwyr Bröydd y Preselau*. Cylch Cemaes, Gogledd Penfro.

1998   Guto Prys ap Gwynfor, *Amodau Shalom*. Blaenwaun a'r Ofalaeth, Llandudoch.

1999   Nia Rhosier, *Daearu Cariad Crist*. Bae Colwyn.

2000   Jâms Nicholas, *Rhai Agweddau ar Heddychiaeth Waldo*. Hermon, Abergwaun a Glandŵr.

2001   Patrick Thomas, *Cynddylig ac Eraill: Heddychiaeth Gymraeg Cyn yr Heddychwyr?* Tabernacl, Caerfyrddin; Bethania, Talog; a Noddfa, Foelcwan.

2002   Angharad Tomos [Heb deitl]. Llanbedr Pont Steffan.

2003   Jill Evans, *Codwn ein Llef*. Y Tabernacl, Caerdydd.

2004   Siân Howys, *Trais yn y Cartref: Torri'r Tawelwch*. Llanelli.

2005    Branwen Niclas, 'Troi Arfau Rhyfel yn Gelfyddyd ym Mozambique'. Chwilog. [Heb ei chyhoeddi]

2006    Denzil Ieuan John, *Crist ein Cymod*. Aberteifi.

2007    Noel A Davies, *Rhyfel Ynysoedd y Malfinas: Trem yn Ôl Dros Chwarter Canrif.* Carn Ingli.

2008    Robin Gwyndaf, *Rhyfel a Heddwch a Sancteiddrwydd Bywyd*. Y Tabernacl, Caerdydd. (Ymestyniad o ddarlith, gyda darluniau du a gwyn a lliw. 96 tud. Cyhoeddwyd gan yr awdur ar ran Cymdeithas Heddwch y Bedyddwyr.)

# Llyfryddiaeth

Detholiad o gyhoeddiadau y cafwyd budd mawr o'u darllen wrth baratoi'r ddarlith hon. Gweler hefyd y rhestr o Ddarlithoedd Coffa Lewis Valentine.

*A Planet that Can Only Survive by the Collective Action of its Peoples.* United World Foundation, Geneva, 2000.

Allen, John, *The Essential Desmond Tutu*. David Philip, Cape Town, De Affrica, 1997.

Amin, Mohamed; Duncan Willets a John Eames, *The Last of the Maasai*. Camerapix, Nairobi, Kenya, 1987.

*Barnabas Aid* (hope and aid for the persecuted church). Cylchgrawn deufisol. Barnabas Fund, Pewsey, Wiltshire.

Bhalla, Shalu, *Quotes of Ghandi*. Cyhoeddwyr UBS, New Delhi, 1994.

Canolfan Materion Rhyngwladol Cymru, Y Deml Heddwch, Caerdydd: *News / Newyddion*.

Chaliha, Jaya, ac Edward Le Joly, *The Joy in Loving. Daily Wisdom with Mother Teresa*. Hodder and Stoughton, Llundain, 1996.

Cormack, Don, *Scenes from Killing Fields. Nine Compelling Stories from Pol Pot's Cambodia*. OMF International, Sevenoaks, Kent.

*Cymdeithas y Cymod: Ei Sylfeini* (d.d.).

Cymdeithas y Cymod: *Cylchlythyr / Newsletter.*

*Cynefin y Werin. Cynulliad Amgen i'r Uwch Gynhadledd Ewropeaidd / Common Ground. A Welsh Alternative to the Euro-Summit.* Rhaglen o weithgareddau yn y Tabernacl, Caerdydd, 9-12 Mehefin 1998.

*Datganiad Cyffredinol o Hawliau Dynol.* Cymdeithas y Cenhedloedd Unedig-Cymru, Canolfan Gymreig Materion Rhyngwladol, Y Deml Heddwch, Caerdydd. Cyhoeddwyd ar ffurf poster.

Davies, Pennar, *Y Pethau Nid Ydynt.* Anerchiad a draddodwyd o Gadair Undeb yr Annibynwyr, Rhosllannerchrugog, 1973.

Edwards, Aled, *Y Dieithryn yn eich Plith: Ceiswyr Lloches, Carchar a Chynulliad.* Cyhoeddiadau'r Gair, Bangor, 2002.

*Eglwysi Cymru: 2007/8. Wales's Churches: 2007/8.* Cytûn, Caerdydd, 2007.

Elis, Islwyn Ffowc, *Cysgod y Cwmwl.* Cymdeithas y Cymod (d.d.).

Evans, Gwynfor, *Heddychiaeth Gristnogol yng Nghymru.* Cymdeithas y Cymod, 1991.

Gwynfor, Guto Prys ap, *Y Groesffordd: Llythyr at Eglwysi Cymru.* Cymdeithas y Cymod, 1984.

Gyatso, Palden, *Fire Under the Snow: Testimony of a Tibetan Prisoner.* Gyda chyflwyniad gan y Dalai Lama. Harvill Press, Llundain, 1997.

*Hafal* (ar gyfer pobl ag afiechyd meddwl difrifol). Taflen wybodaeth. Castell-nedd (d.d.).

*Hafal: Llwybrau Adferiad*. Taflen wybodaeth. Castell-nedd (d.d.).

*The Hague Agenda for Peace and Justice for the 21$^{st}$ Century*. Yr Hague, 1999.

*Heddwch*, cylchgrawn CND Cymru.

Jenkins, Roy, *You Did It For Me. Campaigning Against Torture*. Marshall Pickering, Basingstoke, Hants, 1998.

Jenkins, Roy, *Break a Body, Save a Soul. Christians and Torture in the World After 9/11*. Cristnogion yn Erbyn Poenydio, Caerdydd, 2006.

Kent, Bruce, *The Final Surrender - Time to Abolish War. Thoughts on the End of Warfare to Prepare for the Hague Peace Conference in May 1999*. International Peace Bureau, Mai 1998.

Lewis, Saunders, a Lewis Valentine, *Paham y Llosgasom yr Ysgol Fomio*. Plaid Genedlaethol Cymru, 1936.

Lloyd, Rhiannon, *Llwybr Gobaith. Antur Cymodi o Gymru i'r Byd*, gol. John Emyr. Gwasg Pantycelyn, Caernarfon, 2005.

*Y Llyfr Bach Heddwch. The Pocket Book of Peace*. A Oes Heddwch? Y Prosiect Heddwch Cymreig, Cynefin y Werin, Y Deml Heddwch, Caerdydd, 2005.

Malan, Robin, *The Essential Nelson Mandela*. David Philip, Cape Town, De Affrica, 1997.

Nicholas, T E, *Llygad y Drws. Sonedau'r Carchar*. Gwasg Aberystwyth, 1940.

*People Building Peace. 35 Inspiring Stories from Around the World.* Canolfan Atal Gwrthdaro Ewrop, ar y cyd â Chymdeithas y Cymod Ryngwladol (IFOR), Utrecht, Yr Iseldiroedd, 1999.

Power, Jonathan, *Like Water on Stone. The Story of Amnesty International.* Allen Lane, Gwasg Penguin, Llundain, 2001.

Rees, D Ben, *The Life and Work of Henry Richard, Apostle of Peace and MP for Wales.* Spokesman, Nottingham, 2007.

Roberts, Gomer M, *Emynwyr Bethesda'r Fro.* Gwasg Gomer, Llandysul, 1967.

Roberts, Lleucu, gol., *Caneuon Heddwch.* Y Lolfa, Tal-y-bont, 1991.

Robinson, Kenneth G, *Atomic and Nuclear War: Your Concern In It.* James Clarke, Llundain, 1958.

Smith, Charlene, *Robben Island*, Struik, Cape Town, De Affrica, 1997.

Street, Tim, a Martha Beale, *Study War No More.* Cymdeithas y Cymod Ryngwladol a'r Ymgyrch yn Erbyn y Fasnach Arfau (Campaign Against Arms Trade), 2007.

*Tangnefedd yn eich Poced* (casgliad o weddïau). Yr Eglwys Fethodistaidd, 2007.

Tannock, Stuart, *Academi Hyfforddiant Amddiffyn Sain Tathan a Dyfodol Cymru. St Athan Training Academy and the Future of Wales*; golygydd James Maiden. Cynefin y Werin, Y Deml Heddwch, Caerdydd, 2007.

Thomas, D R, *Y Plentyn yn y Canol*. Cymdeithas y Cymod (d.d.).

Thomas, D R, *Newyddion Da i'r Byd*. Darlith Goffa Alex Wood. Cymdeithas y Cymod, 1985.

Valentine, Lewis, *Dyddiadur Milwr a Gweithiau Eraill*, gol. John Emyr. Gwasg Gomer, Llandysul, 1988.

Valentine, Lewis, *Dyrchafwn Gri*, gol. Idwal Wynne Jones. Gwasg Pantycelyn, Caernarfon, 1994.

Vittle, Arwel, *Valentine. Cofiant Lewis Valentine*. Y Lolfa, Tal-y-bont, 2006.

*War, Genocide, Torture. Reconciliation, At What Price?* Ffederasiwn Cydwladol Gweithredu gan Gristnogion i Ddileu Poenydio (FIACAT), Montréal, 1998.

Williams, Rowan, *Silence and Honey Cakes. The Wisdom of the Desert*. Medio Media (Lion), Rhydychen, 2003.

Williams, Waldo, 'Paham y Gwrthodais Dalu Treth yr Incwm', *Baner ac Amserau Cymru*, 20 Mehefin 1956. Cyhoeddwyd hefyd gan Jâms Nicholas yn ei Ddarlith Goffa Lewis Valentine, 2000.

Williams, Waldo, 'Brenhiniaeth a Brawdoliaeth'. Nodiadau anerchiad Waldo yn Undeb Abergwaun, 1956. Cyhoeddwyd gan Lewis Valentine yn *Seren Gomer*, cyf. 48, Haf 1956.

*Nodyn*

Yn y ddarlith bresennol cyfeirir at wledydd Romania, Siapan a Thwrci, ac y mae'r cyhoeddiadau a ganlyn o eiddo'r awdur hefyd yn berthnasol:

'Treftadaeth Gwerin Romania'. *Cyffro*, Gwanwyn 1971, tt.50-4.

'Siapan: Gwlad y Goeden Geirios'. *Y Faner*, 30 Mai 1986, t. 6.

'Twrci: Gwlad y Saith Ganhwyllbren Aur'. *Y Faner*, 5 Medi 1986, tt. 18-19.

# Heddwch a Chyfiawnder: Cyfeiriadau Pellach o Gymru

**Cymdeithas y Cymod**
Arfon Rhys, 3 Tai Minffordd, Rhostryfan, Caernarfon, LL54 7NF. 01286 830913
Celloedd: Aman-Gwendraeth (Gerwyn Jones: 01269 362649); Caerdydd (Ethni Jones: 01446 760383; Efa Wulle: 029 2065 9306); Dwyryd a Glaslyn (Ifanwy Williams: 01766 513644); Dyffryn Teifi (Guto Prys ap Gwynfor: 01559 362649)

**Cymdeithas Heddwch Undeb Bedyddwyr Cymru**
Einwen Jones, Rhydlafar, Glynceiriog, Llangollen, LL20 7EY. 01691 718383

**Cymdeithas Heddwch Undeb yr Annibynwyr**
Tŷ John Penri, 5 Llys Axis, Parc Busnes Glanyrafon, Bro Abertawe, Abertawe, SA78 0AJ. 01972 467040

**Canolfan Materion Rhyngwladol Cymru**
Stephen Thomas, Y Deml Heddwch, Caerdydd, CF10 3AP. 029 2022 8549

**Cynefin y Werin**
James Maiden, Y Deml Heddwch, Caerdydd, CF10 3AP. 029 2022 8949

**Ymgyrch Academi Sain Tathan**.
James Maiden (gw. uchod)

**CND Cymru**
Jill Gough, Y Drain Gwynion, Heol yr Eglwys, Tal-y-waun, Pont-y-pŵl, NP4 7EF. 01495 773180
Canghennau: Abertawe: 01972 830330; Aberystwyth: 01970 611994; Caerffili: 029 2088 9514; Llandrindod: 01597 829303; Pen-y-bont ar Ogwr: 01656 648817

**Grwpiau Heddwch a Chyfiawnder**
Aberystwyth: 01970 610185; Arfon: 01286 882134; Bangor ac Ynys Môn: 01248 490715; Bro Emlyn: 01559 370991; Brycheiniog: 01874 658565; Caerdydd: 029 2076 5077; Cwm Teifi: 01559 371201; y Gororau: 0845 4582981; Llandudno: 01492 872599; Llanidloes: 01686 412233; Y Trallwng: 01938 810253; Trefdraeth a Llandudoch: 01239 821056; Trefyclo (Knighton): 01547 550354; Wrecsam: 0845 330 4505

**Grwpiau Atal y Rhyfel**
Abertawe: 01792 234031; Caerdydd: 07940 108146; Coed Duon: 01443 875151; Pen-y-bont ar Ogwr: 07792 486317; Rhondda Cynon Taf: 01443 400401

**Heddwch Mala**
112 Heol Clydach, Treforys, Abertawe, SA6 6QB. 01792 774225

**Shalom**
Cath Williams, Fflat 5, 8 Heol Ninian, Y Rhath, Caerdydd, CF23 5EE. 029 2049 1563

**Cymdeithas Heddwch Sir Benfro**
Anne a Malcolm Gregson: 01834 845868

**Ymgyrch Penarth a Chaerdydd yn Erbyn y Fasnach Arfau**
50 Rhodfa Sant Luc, Penarth, CF64 3PT. 029 2071 1943

**Fforwm Cymdeithasol Caerdydd**
www.cardiffsocialforum.org.uk

**Merched Mewn Du Caerdydd**
Siân Edwards: sian@derwen.demon.co.uk

**Merched Mewn Du Y Fenni**
01873 855760

**Grŵp Gwragedd Llanbedr Pont Steffan**
Patsy Smith, Brynawel, Talgarreg, Llandysul, SA44 4EP. 01545 590391

**Gwragedd at Wragedd dros Heddwch**
Jane Harries: 07779 010206

**Cristnogion yn Erbyn Poenydio**
Roy Jenkins, 60 Heol Tŷ Wern, Rhiwbeina, Caerdydd, CF14 4SF. 029 2062 7431

**Amnest: Cangen Cymru**
Temple Court, Heol y Gadeirlan, Caerdydd, CF11 9HA. 029 2078 6415

**Y Sefydliad Meddygol (yn Gofalu am Ddioddefwyr a Boenydiwyd)** Cangen De Ddwyrain Cymru
Teresa Mitchell: 029 2070 5458

**Cymorth Cristnogol**
Jeff Williams, 5 Heol yr Orsaf, Radyr, Caerdydd, CF15 8AA.
029 2084 4646

**Alltudion ar Waith** (Displaced People in Action: DPIA)
Aled Edwards, Tŷ CSV, Williams Way, Caerdydd, CF10 5DY

**Cyngor y Ffoaduriaid**
Uned 8, Cwrt William, Trade Street, Caerdydd, CF10 5BQ. 029 2066 6250

**Cytûn: Eglwysi Ynghyd yng Nghymru**
Aled Edwards, 58 Heol Richmond, Caerdydd, CF24 3UR

**Canolfan Undod ac Adnewyddiad Cristnogol**
Nia Rhosier, Hen Gapel John Hughes, Pontrobert, Meifod, Powys, SY22 6JA. 01938 500631

**Rhwydwaith Cristnogol Ymgyrch yn Erbyn y Fasnach Arfau**
Teresa Mitchell: 029 2070 5458

**Cyfeillion y Ddaear Cymru**
33 The Balcony, Arcêd y Castell, Caerdydd CF10 1BY. 029 2022 9577

**Côr Cochion Caerdydd**
172 Heol Pandy, Bedwas, Caerffili, CF83 8EP. 029 2088 9514

**Cymdeithas y Cyfeillion: Pales**
Llandeglau, Llandrindod, Powys, LD1 5UH

**Cymdeithas y Cyfeillion: Aberdaugleddau**
John Whittacker, The Homestead, 3 Thornberry Gardens, Ludchurch, Arberth, Sir Benfro, SA6 7JQ

**Newyddion Amgen Caerdydd**
cardiffalternativenews@yahoo.co.uk

**Cymdeithas Cwlwm Cymru Corrymeela (Iwerddon)**
Nia Rhosier, Hen Gapel John Hughes, Pontrobert, Meifod, Powys, SY22 6JA. 01938 500631

**Cymru - Armenia**
Eilian Williams, Pennant, Nant Peris, Llanberis, LL55 4UG. 01286 871218

**Dolen Cymru Lesotho**
Dyfan Jones, 128 Y Gyfnewidfa, Sgwâr Mownt Stuart, Caerdydd, CF10 5ED. dolencymru@internet.com

**Ymgyrch Cefnogi Nicaragua Cymru**
Tŷ Iorwerth, Penygroes, Gwynedd, LL54 6ES. 01286 882359

**Cymru - Ciwba**
Emrys Roberts, 7 Rhodfa Windway, Treganna, Caerdydd, CF5 1AD. 029 2056 2268

**Ymgyrch Gorllewin Sahara**
John Gurr, Manora, Cwmystwyth, Aberystwyth, SY23 4AR. 0845 4589577

**Cefnogi Palesteina - Cymru**
029 2088 6113

**Urdd Gydwladol Merched dros Heddwch a Chyfiawnder**
Y Fenni: 01873 855760

*'Mae'n well cynnau un gannwyll na melltithio'r tywyllwch.'*
Dihareb Tseinëeg